Die

in Elsaß-Lothringen geltenden

Gesetze

betreffend

die direkten Steuern.

Text-Ausgabe.

Im amtlichen Auftrage zusammengestellt

von

Ministerialrat **Roth**.

Dritte Auflage.

Straßburg.
Verlag von Karl J. Trübner.
1908.

Druck von M. DuMont Schauberg, Straßburg.

Druckfehler-Berichtigungen:

S. 19, bei Absatz 2 und 3 „Steuerbefreiungen" ist die Bezeichnung „§ 2" als Überschrift einzufügen.

S. 41, Zeile 4 v. o. füge „nicht" ein; es muß heißen: „Der Gewerbesteuer sind ferner nicht unterworfen."

S. 114 sind in Spalte 4 die Prozentsätze für die Stufen 7—11 weggelassen. Es muß heißen:

Stufe	Ertrag Mark.	Mittelbetrag Mark.	Prozent
7	1000—1300	1150	20
8	1300—1600	1450	25
9	1600—2000	1800	25
10	2000—2500	2250	30
11	2500—3000	2750	35

Vorwort.

Die von dem Leiter der Elsaß-Lothringischen Finanzverwaltung, Sr. Excellenz Herrn Unterstaatssekretär von Schraut, vor etwa 10 Jahren begonnene und seitdem Schritt für Schritt durchgeführte Umwandlung der Gesetzgebung der direkten Steuern hat vor Kurzem ihren Abschluß gefunden. Mit dem 1. April 1903 werden die neuen Gesetze über Kapitalsteuer und Lohn- und Besoldungssteuer in Kraft treten. Schon jetzt aber macht sich das Bedürfnis fühlbar, die alsdann gültigen gesetzlichen Bestimmungen über das gesamte Gebiet der direkten Steuern — Grundsteuer, Gebäudesteuer, Todthandabgabe, Gewerbesteuer, Wandergewerbesteuer, Bergwerkssteuer, Kapitalsteuer und Lohn- und Besoldungssteuer — systematisch geordnet zusammenzustellen und auf diese Weise sowohl den Beamten wie den Steuerpflichtigen in einer handlichen Ausgabe zugängig zu machen. Auch das Erbschaftssteuergesetz ist wegen des engen Zusammenhanges mit den direkten Steuern in die Sammlung aufgenommen worden.

Das beigefügte Inhaltsverzeichnis wird die Benutzung des Buches erleichtern.

Straßburg, im Juli 1901.

Roth, Ministerialrat.

Vorwort zur dritten Auflage.

In der neuen Auflage sind sämtliche in der Gesetzgebung über die direkten Steuern seit dem Erscheinen dieses Werkchens vorgekommenen Änderungen und Ergänzungen berücksichtigt worden. Von der Aufnahme des Erbschaftssteuergesetzes wurde abgesehen, da diese Materie die direkten Landessteuern nicht berührt. Dagegen hat das Lizenzsteuergesetz wie auch das mit den direkten Steuern im engen Zusammenhang stehende Kirchensteuergesetz Berücksichtigung gefunden.

Straßburg, im Juli 1908.

Roth, Ministerialrat.

Inhalts-Verzeichnis.

1. Gesetz,

betreffend

Abänderung des Gesetzes über die Bereinigung des Katasters, die Ausgleichung der Grundsteuer und die Fortführung des Katasters, vom 31. März 1884. Vom 6. April 1892.

(Gesetzbl. S. 33.)

Artikel I.

An Stelle des Abschnitts II (§§ 25 bis 48) des Gesetzes, betreffend die Bereinigung des Katasters, die Ausgleichung der Grundsteuer und die Fortführung des Katasters, vom 31. März 1884 (Gesetzblatt für Elsaß-Lothringen Seite 59) treten folgende Bestimmungen:

II. Ausgleichung der Grundsteuer vermittelst Neueinschätzung der Grundstücke und Gebäude.

§ 25.

Für sämtliche Gemarkungen des Landes findet eine Neueinschätzung des Reinertrages der Grundstücke und des Nutzungswertes der Gebäude statt.

Die Neueinschätzung der Grundstücke erfolgt, unabhängig von der Katastererneuerung (Berichtigung oder Stückvermessung), für die Gemeinden des Landes im unmittelbaren Anschluß an die Schätzung der Mustergemarkungen (§§ 29 bis 33).[1])

Die Neueinschätzung der Gebäude geschieht unabhängig von der Katasterbereinigung und getrennt von der Neueinschätzung der Grundstücke.

---

[1]) Neue Fassung des Gesetzes vom 13. Juni 1900. (Vgl. Seite 15.)

Die Leitung der Schätzungsarbeiten liegt dem Direktor der direkten Steuern ob.

Die Inhaber der Liegenschaften sind verpflichtet, die zur Vornahme der Neueinschätzungen erforderlichen örtlichen Erhebungen zu gestatten.

§ 26.

Die Kosten der Neueinschätzung der Grundstücke und Gebäude werden mit Ausnahme der Ersatzleistungen für entstandene Feldbeschädigungen von der Landeskasse getragen. Die genannten Ersatzleistungen fallen den Gemeinden zur Last und sind nach den Bestimmungen im § 9 Absatz 3[1]) zu behandeln.

a) Grundstücke.

§ 27.

Zum Zweck der Neueinschätzung der Grundstücke wird die ganze Fläche des Landes nach der Gleichartigkeit der Bodenverhältnisse, der Erhebung über dem Meeresspiegel, der Lage und Bewirtschaftungsweise der Feldgüter sowie der Bevölkerungs- und Verkehrsverhältnisse in eine entsprechende Anzahl von Einschätzungsdistrikten geteilt.

Diese Einteilung erfolgt durch die Kommission der Landesschätzer (§ 28) auf Vorschlag des Direktors der direkten Steuern.

§ 28.

Die Kommission der Landesschätzer besteht aus fünfzehn Mitgliedern, einschließlich des Vorsitzenden. Neun-

[1]) § 9, Abs. 3: Jeder Anspruch auf Ersatz für Feldbeschädigungen oder auf Vergütung für die Tätigkeit als Auskunftsperson erlischt, wenn er nicht binnen einem Monat, nach erfolgter Schadenszufügung oder nach Beendigung der Tätigkeit als Auskunftsperson bei dem Bürgermeister der Gemeinde angemeldet wird. Kommt eine vom Gemeinderat genehmigte Einigung nicht zustand, so entscheidet der Kreisdirektor nach Anhörung der Parteien und, soweit es sich um Feldbeschädigungen handelt, nach Einholung des Gutachtens eines Sachverständigen. Die Entscheidung des Kreisdirektors ist endgültig.

dieser Mitglieder werden durch den Landesausschuß gewählt, die übrigen Mitglieder, einschließlich des Vorsitzenden, von dem Ministerium bestellt.

Die Kommission faßt ihre Beschlüsse nach Stimmenmehrheit und ist beschlußfähig, wenn mindestens acht Mitglieder anwesend sind.

Sie ist berechtigt, zu ihren Arbeiten jederzeit Sachverständige zuzuziehen. Das Nähere über den Geschäftsgang der Kommission und die Bezüge der Mitglieder und Sachverständigen bestimmt das Ministerium.

§ 29.

Die Kommission der Landesschätzer hat nach Feststellung der Einschätzungsdistrikte (§ 27) in jedem derselben die erforderliche Zahl von Gemarkungen auszuwählen, welche tunlichst sämtliche Bodenarten des Distriktes enthalten und zur Vornahme von Musterschätzungen geeignet sind.

Für diese Gemarkungen (Mustergemarkungen) hat die Kommission der Landesschätzer festzustellen, inwieweit die nach dem Kataster bestehende Einteilung des Grund und Bodens in Kulturarten und Klassen und die Einreihung der einzelnen Grundstücke in die Klassen dieser Kulturarten der Gegenwart entspricht.

Je nach dem Ergebnis dieser Feststellungen hat die Kommission entweder die erforderliche Ergänzung und Berichtigung oder eine vollständig neue Klassenbildung und Einreihung der einzelnen Grundstücke in diese Klassen zu veranlassen.

§ 30.

Die Einteilung des Bodens nach seiner dauernden Benutzung (Kulturart) kann nur erfolgen in: Ackerland, Gärten, Rebland, Wiesen, Weiden, Holzungen, Wasserstücke, Ödland, Unland. Die Grundflächen der Gebäude nebst den dazu gehörigen Hofräumen und Hausgärten, soweit letztere nicht über 20 Ar groß sind, bleiben hier außer Betracht und sind nach den Vorschriften der §§ 40 ff.[1]) zu behandeln.

Über die Zahl der für jede Kulturart höchstens zulässigen Klassen entscheidet die Kommission der Landesschätzer nach Anhörung des Direktors der direkten Steuern.

§ 31.

Nach Feststellung der einzelnen Kulturarten und Klassen der Mustergemarkungen jedes Schätzungsdistriktes hat die Kommission der Landesschätzer für jede Kulturart und Klasse des Bodens den Reinertrag auf Grund der Marktpreise aus den Jahren 1884 bis einschließlich 1895[2]) unter Fortlassung des billigsten und teuersten Jahres durch Einzelberechnung zu bestimmen.

Sobald die Mustereinschätzungen in sämtlichen Schätzungsdistrikten durchgeführt sind, hat die Kommission der Landesschätzer die Ergebnisse derselben einer Prüfung dahin zu unterziehen, ob die für die verschiedenen Schätzungsdistrikte ermittelten Reinerträge unter einander in richtigem Verhältnis stehen. Gegebenenfalls sind die erforderlichen Ausgleichungen vorzunehmen.

§ 32.

Die Ergebnisse der Mustereinschätzungen werden von dem Direktor der direkten Steuern nach vorhergegangener öffentlicher Bekanntmachung während einer Ausschlußfrist von einem Monat auf dem Bürgermeisteramt der eingeschätzten Gemarkung zur Einsichtnahme offen gelegt. Soweit möglich, ist diese Offenlegung mit der in Gemäßheit der §§ 8, 19 vorzunehmenden Offenlegung der Katasterurkunden zu verbinden. Die Reinertragssätze, sowie die ihnen zugrunde liegenden Produkten-, Arbeits- und Materialpreise werden außerdem durch die amtlichen Blätter zur allgemeinen Kenntnis gebracht.

Einwendungen können während der vorbezeichneten

---

[1]) S. unter „Gebäudesteuer" Seite 26.

[2]) Neue Fassung des Gesetzes vom 26. Juli 1896. (Vgl. Seite 15.)

Ausschlußfrist entweder dem Direktor der direkten Steuern eingesandt oder bei dem Bürgermeisteramt vorgebracht werden. Dieselben sind zulässig gegen

1) die Zahl und Abgrenzung der Klassen für die verschiedenen Kulturarten,
2) die Einreihung der einzelnen Grundstücke in die Kulturarten und Klassen,
3) die Festsetzung des Reinertrags für die einzelnen Kulturarten und Klassen.

Einwendungen gegen die unter 1 und 2 bezeichneten Punkte können nur von den Eigentümern und Nutznießern der Grundstücke erhoben werden. Einwendungen gegen die Reinertragsfestsetzung stehen dagegen jedem Grundbesitzer des Landes zu; sie müssen jedoch speziell begründet sein.

§ 33.

Die Entscheidung der Einwendung erfolgt auf Antrag des Direktors der direkten Steuern durch die Kommission der Landesschätzer, welche geeignetenfalls eine Nachschätzung veranlaßt.

Gegen die Entscheidung der Kommission der Landesschätzer ist sowohl von seiten der im § 32 genannten Interessenten, als auch von seiten des Direktors der direkten Steuern binnen einer Ausschlußfrist von einem Monat die Berufung an das Ministerium zulässig.

Das Ministerium entscheidet endgültig. Soweit bereits eine Nachschätzung vorgenommen worden ist, findet eine solche nicht weiter statt.

Nachdem die Einwendungen gegen die Mustereinschätzungen erledigt sind, werden die Ergebnisse dieser Einschätzungen von der Kommission der Landesschätzer endgültig festgestellt und die Reinertragssätze mit ihren Unterlagen von dem Direktor der direkten Steuern veröffentlicht.

Die Mustereinschätzungen dienen für die Einschätzungen in den übrigen Gemarkungen des betreffenden

Schätzungsdistriktes in der Weise als Muster und Anhalt, daß an der Hand der Musterschätzungen sogleich auf den Reinertrag der entsprechenden Kulturarten und Klassen geschlossen werden kann, wenn und soweit nicht ausnahmsweise eine vollständige Einzelberechnung durch besondere Umstände notwendig gemacht wird.

§ 34.

Die Einschätzung in den einzelnen Gemarkungen jedes Schätzungsdistrikts erfolgt durch Schätzungskommissionen. Jede Kommission besteht aus drei Mitgliedern, und zwar einem von dem Ministerium bestimmten Beamten als Vorsitzenden, einem Distriktsschätzer und einem für jede Gemeinde besonders zu bestellenden Ortsschätzer. Bei der Einschätzung von Waldungen kann die Schätzungskommission nach Bestimmung des Direktors der direkten Steuern durch Zuziehung von Sachverständigen mit beratender Stimme verstärkt werden.

Der Direktor der direkten Steuern bestimmt die Zahl der Schätzungskommissionen für die einzelnen Distrikte. Die Kreistage wählen für jeden Distrikt die erforderlichen Distriktsschätzer. Die Ortsschätzer werden von den Gemeinderäten gewählt. Für jedes Mitglied der Schätzungskommission wird in gleicher Weise ein Ersatzmann bestimmt. Sind die vom Kreistag gewählten Distriktsschätzer nicht in der Lage, ihre Funktionen auszuüben, so beruft der Direktor der direkten Steuern die weiter erforderlichen Distriktsschätzer.

Die Schätzungskommission faßt ihre Beschlüsse nach Stimmenmehrheit. Im übrigen werden der Geschäftsgang und die Bezüge der Mitglieder vom Ministerium geregelt.

Den Vorsitzenden der Schätzungskommissionen und den Distriktsschätzern sowie deren Ersatzmännern ist Gelegenheit zu geben, den Musterabschätzungen in ihrem Distrikte (§ 29 ff.) beizuwohnen. Dieselben haben hierbei beratende Stimme.

§ 35.

Die Schätzungskommission hat unter steter Rücksichtnahme auf die Mustergemarkung und unter Innehaltung der nach § 30 zulässigen Kulturarten und Klassen für jede Gemarkung ihres Geschäftsbereichs die bestehende Klasseneinteilung und Klasseneinreihung der einzelnen Grundstücke nach Maßgabe des § 29 zu prüfen, zu ergänzen und nötigenfalls zu erneuern sowie nach Maßgabe des § 33 die Reinerträge für die einzelnen Kulturarten und Klassen zu ermitteln.

§ 36.

Die Tätigkeit der Schätzungskommissionen unterliegt der Aufsicht der Kommission der Landesschätzer; diese hat ferner die Schätzungsergebnisse der einzelnen Distrikte in bezug auf ihre Gleichmäßigkeit und Richtigkeit zu prüfen.

Die Kommission der Landesschätzer ist befugt, zu diesem Behufe die erforderlichen Nachschätzungen vornehmen zu lassen und die von den Distriktsschätzungskommissionen ermittelten Reinertragssätze zur Herstellung der erforderlichen Gleichmäßigkeit zu erhöhen oder herabzusetzen. Die vorgenommene Aenderung ist zu begründen; sie wird durch das Ergebnis einer Nachschätzung nicht verhindert.

§ 37.

Das Ergebnis der Schätzungen wird von dem Direktor der direkten Steuern nach vorhergegangener öffentlicher Bekanntmachung während einer Ausschlußfrist von einem Monat auf dem Bürgermeisteramt der eingeschätzten Gemarkung zur Einsichtnahme offen gelegt. Soweit möglich, ist diese Offenlegung mit der in Gemäßheit der §§ 8, 19 vorzunehmenden Offenlegung der Katasterurkunden zu verbinden.

Zu Einwendungen gegen die Einreihung der einzelnen Grundstücke in die Kulturarten und Klassen sind die Eigentümer und Nutznießer befugt. Gegen die Zahl und Abgrenzung der Klassen (§ 32 Ziffer 1) kann nur der Gemeinderat sowie der Grundbesitzer oder diejenige Gesamtheit von Grundbesitzern, welche mindestens die Hälfte der Fläche der bezüglichen Kulturart besitzt, Einwendungen erheben. Einwendungen gegen den für die einzelnen Kulturarten und Klassen festgesetzten Reinertrag (§ 32 Ziffer 3) stehen endlich nur derjenigen Person oder derjenigen Gesamtheit von Grundbesitzern zu, welche mindestens ein Drittel der Gesamtfläche der bezüglichen Kulturart und Klasse vertritt.

Bezüglich der Anbringung und Begründung der Einwendungen greifen die Bestimmungen des § 32 Platz.

§ 38.

Die Entscheidung der Einwendungen erfolgt durch den Direktor der direkten Steuern. Gegen dessen Entscheidung ist binnen einer Ausschlußfrist von einem Monat die Berufung an das Ministerium zulässig.

Das Ministerium entscheidet, soweit erforderlich, nach Anhörung der Kommission der Landesschätzer und gegebenen Falles nach Herbeiführung einer Nachschätzung, endgültig.

---

2. Gesetz,

vom 3. Frimaire VII.

(Bull. d. l. Ser. II Nr. 2197.)

Siebenter Titel.

Ausnahmen.

Art. 103. Die Straßen, die zu Messen und Märkten dienenden öffentlichen Plätze, die Landstraßen, die öffentlichen Vizinalstraßen und die Flüsse sind nicht zu veranlagen.

Art. 104. Kanäle, welche die Bestimmung haben, Mühlen, Eisenhämmern oder anderen Werken das Wasser zuzuführen oder solches zur Bewässerung abzuleiten, werden zwar veranlagt, aber nur nach Maßgabe des Raums, den sie einnehmen, und in gleicher Höhe wie die anstoßenden Ländereien.

Art. 105. Ertragloses Staatsgut, das von der durch die Gesetze angeordneten Veräußerung ausgenommen ist und für staatliche Zwecke vorbehalten bleibt, wie die beiden Paläste des gesetzgebenden Körpers, der des vollziehenden Direktoriums, das Pantheon, die zur Wohnung der Minister und zur Aufnahme ihrer Arbeitsräume bestimmten Gebäude, die Zeughäuser, Magazine, Kasernen, Festungswerke und andere zum allgemeinen Nutzen bestimmten Anlagen, wird bloß zur Notiz in die Flurbücher und Mutterrollen eingetragen, aber nicht veranlagt.

Art. 106. Ertragloses Staatsgut, das durch die Gesetze für veräußerbar erklärt ist, wie ehemalige Kirchen, die nicht vermietet sind, Türme, verlassene oder verfallene Schlösser und anderes Ähnliches, werden in die Flurbücher und Mutterrollen in gleicher Weise und in gleichem Maßstabe wie Privateigentum derselben Art eingetragen, bezeichnet und abgeschätzt; aber so lange dasselbe nicht verkauft oder vermietet ist, wird es nicht veranlagt.

Art. 108. Ertragsfähiges, für veräußerbar erklärtes Staatsgut wird wie Privateigentum gleicher Art und gleichen Ertrages abgeschätzt und veranlagt.

Im Falle zu hoher Veranlagung hat die Verwaltung von Amts wegen oder auf Anzeige des Pächters eine Ermäßigung in gewöhnlicher Form zu beantragen.

Art. 109. Die Grundsteuer für Besitzungen der Gemeinden, sowie für Sümpfe und öde und wüste Stellen, die in der Gemarkung derselben gelegen sind und keinen bestimmten Besitzer haben oder in gesetzmäßiger Weise aufgegeben worden sind, wird von den Gemeinden übernommen und durch sie entrichtet.

Dasselbe gilt für die sogenannten ungeteilten Gemeinheiten (biens communaux), so lange sie nicht abgeteilt sind.

Die Steuer für Grundstücke, welche nur einem gewissen Teil der Bewohner einer Gemeinde gemeinsam angehören, wird durch diese Bewohner entrichtet.

Art. 110. Pflegehäuser und andere öffentliche Anstalten haben die auf ihre Grundstücke jeder Art gelegte Grundsteuer in Prinzipale und Zuschlägen zu entrichten.

Art. 111. Die Besteuerung von Sümpfen, welche trocken gelegt werden, kann während der nächsten fünfundzwanzig Jahre nach ihrer Trockenlegung nicht erhöht werden.

Art. 112. Die Besteuerung von Ländereien, die seit fünfzehn Jahren öde und wüst gelegen haben und in eine andere Kultur, als im nachstehenden Artikel 114 angegeben, gebracht werden, kann während der nächsten zehn Jahre nach dem Urbarmachen nicht erhöht werden.

Art. 113. Die Besteuerung von Ländereien, die seit zehn Jahren brach gelegen haben und nun mit Holzung bepflanzt oder besäet werden, kann während der ersten dreißig Jahre nach der Bepflanzung oder Besamung nicht erhöht werden.

Art. 114. Die Besteuerung von Ländereien, die seit fünfzehn Jahren öde und wüst oder brach gelegen haben, und dann mit Weinstöcken, Maulbeer- oder andern Fruchtbäumen bepflanzt werden, kann während der ersten zwanzig Jahre der Bepflanzung nicht erhöht werden.

Art. 115. Der steuerpflichtige Ertrag von bereits in Kultur befindlichem Grund und Boden, der mit Weinstöcken, Maulbeer- oder anderen Fruchtbäumen bepflanzt wird, kann während der nächsten fünfzehn Jahre nach der Bepflanzung nur wie unbepflanzter Boden von gleichem Werte eingeschätzt werden.

Art. 116. Der steuerpflichtige Ertrag von gegenwärtig in Kultur befindlichem Boden, welcher mit Holzung bepflanzt oder besäet wird, ist während der nächsten dreißig Jahre nach der Bepflanzung oder Besamung nur mit einem Viertel des Ertrags nicht bepflanzter Ländereien gleichen Wertes einzuschätzen.

Art. 117. Um diese verschiedenen Vorteile zu genießen, und bei Strafe des Verlustes derselben, hat der Eigentümer auf dem Sekretariate der Gemeindeverwaltung, in deren Bezirk die Grundstücke belegen sind, vor dem Beginn der Trockenlegung, Urbarmachung und sonstiger Melioration das Gelände genau zu bezeichnen, welches er in dieser Weise meliorieren will.

---

3. Gesetz,

betreffend

die Grundsteuer von Kanälen. Vom 5. Floréal XI u. 23. Juli 1820.

(Bull. d. l. Ser. VII, No. 9043.)

Art. 1. Alle Schiffahrtskanäle — sind zur Grundsteuer — nach Maßgabe des Grund und Bodens, welchen sie einnehmen, und zwar wie Ackerland erster Klasse heranzuziehen.

Art. 2. . . . Die Kanäle nebst ihren Freiufern, Magazinen und Schleusenwärterhäusern werden nur nach dem im vorhergehenden Artikel angegebenen Verhältnisse zu dieser Steuer herangezogen.

Art. 3. Andere zu den — Kanälen gehörige Wohnhäuser und Fabrikanlagen werden besteuert wie anderes Grundeigentum gleicher Art.

4. Gesetz,

betreffend

den Landeshaushalt. Vom 15. September 1807.

(Bull. d. l. Ser. IV, No. 2790.)

Art. 38. Die in der Katasterrolle für nicht überbauten Grundbesitz aufgeführten Eigentümer können nicht mehr wegen zu hohen Ansatzes Beschwerde führen, sofern nicht etwa ihr Eigentum zufolge eines außerordentlichen Ereignisses zugrunde geht; in solchem Falle würde ein außerordentlicher Erlaß stattfinden. Diejenigen Grundeigentümer jedoch, welche durch Hagel, Frost, Überschwemmung oder andere ungewöhnliche Naturereignisse ihrer Erträge ganz oder teilweise verlustig gehen, können wie bisher um vollständigen Erlaß oder teilweise Ermäßigung ihres Steuersatzes für das Jahr, in welchem sie solchen Verlust erlitten haben, einkommen. Der Betrag solcher Erlasse oder Ermäßigungen wird aus dem Ausfallfonds entnommen.

5. Forstgesetzbuch,

vom 21. Mai 1827.

(Bull. d. l. Ser. VIII, No. 6731.)

Art. 226. Die Saaten und Anpflanzungen von Waldungen auf dem Gipfel und dem Abhange der Berge, auf den Dünen und Heiden sind dreißig Jahre von jeder Abgabe frei.

6. Gesetz,

betreffend

die Eisenbahnen. Vom 15. Juli 1840.

(Bull. d. l. Ser. IX Nr. 8765)

Art. 7 bezw. Art. 32 des Lastenheftes. Die Grundsteuer (welche die konzessionierten Eisenbahngesellschaften zu entrichten haben) wird nach Maßgabe der von der Eisenbahn und ihren Dependenzen eingenommenen Geländefläche bestimmt; die Veranlagung geschieht nach der für die Kanäle festgesetzten und in dem Gesetze vom 5. Floréal XI angegebenen Berechnung.

---

7. Gesetz,

betreffend

den Landeshaushalt. Vom 8. Mai 1869.

(Bull. d. l. Ser. XI Nr. 16867)

Art. 7. Vom 1. Januar 1870 an wird der siebente Abschnitt der Ausgaben des Finanzministeriums um den Betrag von 600000 Frcs. erhöht, welcher dazu dienen soll, für die Staatswaldungen den Gesamtbetrag der zu Bezirks- und Gemeindeausgaben bestimmten ordentlichen und außerordentlichen Zuschläge zu bezahlen.

---

8. Gesetz,

betreffend

die Einführung des Reichsgesetzes vom 25. Mai 1873 über die Rechtsverhältnisse der zum dienstlichen Gebrauch einer Reichsverwaltung bestimmten Gegenstände. Vom 8. Dezember 1873.

(Gesetzbl. S. 387.)

§ 1. (Absatz 2.) Hinsichtlich der Befreiung von Steuern und sonstigen dinglichen Lasten sind die im Eigentum des Reichs befindlichen Gegenstände den im Eigentum des einzelnen Staates befindlichen Gegenständen gleichgestellt.

9. Gesetz,

betreffend

die Feststellung des Landeshaushaltsetats für 1874. Vom 26. Dezember 1873.

(Gesetzbl. S. 443.)

§ 5. Sämtliche im Besitz des Staates befindlichen Schiffahrtskanäle nebst den dazu gehörigen Ufergrundstücken und den auf diesen errichteten Dienstgebäuden der Wasserbauverwaltung, zu welchen auch die Dienstwohnungs-Gebäude der Kanalbeamten zu rechnen sind, werden von der Grundsteuer nebst allen mit derselben zu erhebenden Zuschlägen befreit.

Künftig zum Zweck der Anlegung oder Verbesserung von Schiffahrtskanälen seitens des Staats zu erwerbende Grundstücke und Gebäude werden vom 1. Januar des Jahres, welches auf die Besitznahme derselben durch die Staatsverwaltung folgt, von der Grundsteuer frei.

10. Gesetz,

betreffend

Abänderung des Gesetzes vom 6. April 1892. Vom 26. Juli 1896.

(Gesetzbl. S. 69.)

Vgl. Seite 4.

---

11. Gesetz,

betreffend

Abänderung des Gesetzes vom 6. April 1892. Vom 13. Juni 1900.

(Gesetzbl. S. 115.)

Vgl. Seite 1.

---

12. Gesetz,

betreffend

die Verwendung der Erträge der Kapitalsteuer und der Lohn- u. Besoldungssteuer sowie die Erhebung der Bezirkszuschläge. Vom 13. Juli 1901.

(Gesetzbl. S. 80.)

---

§ 2. Der Steuersatz, welcher für die Grundsteuer in Gemäßheit der auf Grund des Gesetzes vom 6. April 1892 (Gesetzb. S. 33) neu festgestellten Reinerträge in Anwendung zu bringen ist, wird auf Drei ein Halb vom Hundert der Reinerträge festgestellt.

---

13. Gesetz,

betreffend

die Grundsteuer. Vom 14. Juli 1903.

(Gesetzbl. S. 47.)

§ 1.

Die durch § 49 des Katastergesetzes vom 31. März 1884[1]) (Gesetzbl. S. 59) angeordnete jährliche Richtigstellung (Fortführung) der neuen Kataster in bezug auf die Kulturveränderungen (§ 54 des Gesetzes)[2]) findet für sämtliche Gemarkungen des Landes statt.

Soweit es sich dabei um Kulturveränderungen handelt, welche nicht von nur vorübergehender Dauer sind, ist damit eine Neueinreihung der Grundstücke in die entsprechende Kulturart und Klasse und demgemäß eine Neufeststellung der Reinerträge unter Anlehnung an die auf Grund des Gesetzes vom 5. April 1892 (Gesetzbl. S. 33) vorgenommenen Einschätzung zu verbinden.

§ 2.

Die Ermittelung der Kulturveränderungen liegt den für sämtliche Gemeinden des Landes gemäß § 54 des Katastergesetzes zu bestellenden Feldgeschworenen ob.

---

[1]) Derselbe lautet:

Nachdem das Kataster für eine Gemeinde neu aufgestellt oder ergänzt worden ist, wird dasselbe im Wege der jährlichen Richtigstellung (Fortführung) bei der Gegenwart erhalten.

[2]) Derselbe lautet:

Zur Aufsicht über die Gemarkungs-, Gewann-, Wege- und Grundstücksgrenzen, zur Besorgung des Setzens der Grenzsteine und sonstiger Grenzmarken sowie zur Feststellung der Kulturveränderungen werden in jeder Gemeinde mindestens vier Feldgeschworene vom Gemeinderat aus den hierzu geeigneten Gemeindeangehörigen ohne Beschränkung der Amtsdauer gewählt, vom Kreisdirektor bestätigt und vom Amtsrichter auf ihre Dienstobliegenheiten eidlich verpflichtet. Ihre Amtsenthebung kann jederzeit aus Verwaltungsgründen durch den Kreisdirektor ausgesprochen werden.

Das Nähere über die Dienstverrichtungen und Gebühren der Feldgeschworenen wird durch eine besondere Anweisung geregelt.

Die Neufeststellung der Reinerträge erfolgt durch eine für jeden Katasterfortführungsbezirk zu bildende Grundsteuer-Veranlagungskommission unter Vorsitz des Katasterfortführungsbeamten. Für die Bildung und die Befugnisse dieser Kommission gelten die Bestimmungen des Art. I, § 34 des Gesetzes vom 6. April 1892.[1])

Auf Grund der infolge von Kulturveränderungen alljährlich neu festgestellten Reinerträge findet, soweit nicht die bestehenden Gesetze besondere Ausnahmen zulassen, vom nächsten Steuerjahre ab die Veranlagung zur Grundsteuer statt.

§ 3.

Gegen die Einreihung der Grundstücke in die für die einzelnen Gemarkungen festgestellten Kulturarten und Klassen sind in gleicher Weise, wie gegen den Ansatz der Grundsteuerbeträge innerhalb dreimonatiger Frist von der Bekanntgabe der Heberolle ab Einwendungen seitens der Grundeigentümer zulässig.

Nicht zulässig sind Einwendungen gegen die Feststellung der Reinerträge für die verschiedenen Kulturarten und Klassen. Sofern jedoch infolge außergewöhnlicher Verhältnisse die Reinerträge sämtlicher Grundstücke in einer Gemarkung oder größerer Abschnitte derselben (Flur, Gewann) um mindestens ein Fünftel bleibend erhöht oder vermindert werden, kann für diese Grundstücke ausnahmsweise eine Berichtigung der Reinerträge auf Kosten der Landeskasse durch das Ministerium nach Anhörung der Kommission der Landesschätzer angeordnet werden.

§ 4.

Ueber sämtliche Einwendungen gegen den Grundsteueransatz entscheidet in erster Instanz der Direktor der direkten Steuern und auf Berufung in zweiter Instanz das Ministerium. Soweit es sich dabei um Einwendungen der im § 3 bezeichneten Art handelt, erfolgt die Ent-

[1]) Seite 6.

scheidung des Ministeriums nach Anhörung der Kommission der Landesschätzer oder eines aus ihrer Mitte gewählten Ausschusses.

Wiederholte Einwendungen, welche sich auf Grundstücke beziehen, für welche bereits eine Entscheidung zweiter Instanz ergangen ist, sind vom Direktor der direkten Steuern als unzulässig zurückzuweisen, sofern keine neuen Gründe vorgebracht werden. Gegen diese Entscheidung ist Beschwerde an das Ministerium statthaft. Die Berufungen und Beschwerden sind binnen einer Ausschlußfrist von einem Monat von der Bekanntgabe der Entscheidung ab einzulegen.

Die Einwendungen und Berufungen gegen den Ansatz der Grundsteuer unterliegen dem Dimensionsstempel, sofern der Steueransatz 25 Mark übersteigt.

Für die Bildung und die Befugnisse der Kommission der Landesschätzer gelten die Bestimmungen des Art. I, § 28 des Gesetzes vom 6. April 1892.

§ 5.

Dieses Gesetz tritt am 1. April 1903 mit der Maßgabe in Kraft, daß für das Steuerjahr 1903 die auf Grund des Gesetzes vom 6. April 1892 für die Neueinschätzung der Grundsteuerreinerträge gebildeten Distriktskommissionen, sowie die bestehende Kommission der Landesschätzer die nach gegenwärtigem Gesetze den Grundsteuer-Veranlagungskommissionen und der Kommission der Landesschätzer zugewiesenen Befugnisse wahrzunehmen haben.

Die Ausführungsbestimmungen zu diesem Gesetze erläßt das Ministerium.

1. Gesetz,
betreffend
die Gebäudesteuer. Vom 14. Juli 1895.
(Gesetzbl. S. 95.)

Gegenstand der Besteuerung.

§ 1.

Der Gebäudesteuer unterliegen die bewohnbaren sowie die zum Gewerbebetriebe dienenden Gebäude mit Einschluß der Grundflächen und der dazu gehörigen Hofräume sowie der zwanzig Ar nicht übersteigenden Hausgärten.

Steuerbefreiungen.

Befreit von der Gebäudesteuer sind sämtliche Gebäude, welche nach § 42 des Gesetzes über die Vereinigung des Katasters, die Ausgleichung der Grundsteuer und die Fortführung des Katasters vom 31. März 1884 (Gesetzblatt 1892, Seite 33 ff.)[1]) von der Einschätzung ausgeschlossen sind.

Die steuerfreien Gebäude, in welchen sich Dienstwohnungen befinden, unterliegen der Gebäudesteuer nach Maßgabe des Nutzungswerts dieser Wohnungen. Die Eigentümer dieser Gebäude haben Anspruch auf Rückersatz der Steuer durch die Inhaber der Dienstwohnungen.

Maßstab der Steuerveranlagung.

§ 3.

Die Veranlagung der Gebäudesteuer erfolgt nach Maßgabe des jährlichen Nutzungswertes der Gebäude nebst Zubehör (§ 1).

---

[1]) s. Seite 27 ff.

Höhe der Steuer.

§ 4.

Die Steuer beträgt jährlich Vier ein Halb [1]) vom Hundert des Nutzungswerts nach Maßgabe des durch das Gesetz vom 6. April 1892 festgestellten Tarifs. [3])

Die Steuer für die im § 2 Absatz 2 bezeichneten Gebäude beträgt Zwei ein Halb [2]) vom Hundert des Nutzungswerts der Dienstwohnungen.

Zu dem gleichen Satze ist der Eigentümer eines steuerpflichtigen Gebäudes berechtigt, von dem Inhaber der Dienstwohnung den Rückersatz der Gebäudesteuer nach Maßgabe des Nutzungswertes dieser Wohnung zu verlangen.

Veranlagung der Steuer.

§ 5.

Für die Veranlagung der Gebäudesteuer haben die auf Grund des Gesetzes vom 6. April 1892 ermittelten und in Gemäßheit des § 48 dieses Gesetzes in die Gebäuderegister eingetragenen Schätzungsergebnisse, vorbehaltlich der Bestimmungen des § 7, Absatz 2, als Grundlage zu dienen.

Das Ministerium ist bis zum 1. April 1896 ermächtigt, in besonderen Fällen nach Anhörung der Kommission der Landesschätzer (§ 45 des Gesetzes vom 6. April 1892) eine Berichtigung dieser Schätzungsergebnisse eintreten zu lassen.

§ 6.

Um die Veranlagung bei der Gegenwart zu erhalten, sind alle Veränderungen festzustellen, welche dadurch entstehen, daß

---

[1]) Durch Gesetz vom 17. Juli 1907 (S. 34) auf 3,50 ermäßigt.
[2]) Durch Gesetz vom 17. Juli 1907 (S. 34) auf 1,90 ermäßigt.
[3]) S. 30.

1. in dem Eigentumsverhältnis der Gebäude ein Wechsel eintritt;
2. bisher steuerpflichtige Gebäude in die Klasse der steuerfreien (§ 2) oder bisher steuerfreie in die Klasse der steuerpflichtigen übertreten;
3. Gebäude oder deren Zubehör in ihrer Zweckbestimmung verändert werden;
4. Gebäude neu entstehen oder gänzlich eingehen;
5. besteuerte Gebäude in ihrem Bestand, namentlich durch das Aufsetzen oder Abnehmen eines Stockwerkes oder durch das Anbauen oder Abbrechen eines Gebäudeteiles, durch Vergrößerung oder durch gänzliche oder teilweise Abtrennung der dazu gehörigen Hofräume und Gärten an Nutzungswert gewinnen oder verlieren;
6. Gebäude einer anderen Gemarkung zugeschlagen werden als derjenigen, zu welcher sie bisher gehört haben;
7. die in den Gebäuderegistern eingetragenen Nutzungswerte infolge von Einwendungen ermäßigt oder abgesetzt werden.

§ 7.

Die Veränderungen der im § 6 bezeichneten Art werden alljährlich durch den Veranlagungsbeamten von Amts wegen oder auf Grund von Anmeldungen seitens der Steuerpflichtigen festgestellt, erforderlichenfalls nach Maßgabe der Bestimmungen des Gesetzes vom 6. April 1892 unter Anlehnung an die bestehenden Schätzungen mit entsprechenden Nutzungswerten durch die Schätzungskommission unter Vorsitz des Veranlagungsbeamten eingeschätzt und in die Gebäuderegister eingetragen.

Die Veränderungen seit der allgemeinen Einschätzung bis zum 1. April 1896 sind in gleicher Weise festzustellen, einzuschätzen und einzutragen.

Für die Bildung, Beschlußfassung und Bezüge der

Kommission gelten die Bestimmungen des § 46 des Gesetzes vom 6. April 1892[1]). Dem Veranlagungsbeamten steht gegen die Beschlüsse der Kommission das Einspruchsrecht bei dem Direktor der direkten Steuern zu, bei dessen Festsetzung es vorbehaltlich der Entscheidung im Reklamationswege (§ 10) bewendet.

§ 8.

Die durch die Feststellungen und Einschätzungen nach § 7 Absatz 1 bedingten Änderungen in der Gebäudesteuerveranlagung treten erst vom Beginn des nächsten Etatsjahrs ab in Kraft, vorbehaltlich nachstehender besonderen Bestimmungen:

1. Neu erbaute oder vom Grunde aus wieder aufgebaute Gebäude werden erst nach Ablauf eines Jahres seit dem Etatsjahr, in welchem sie bewohnbar oder benutzbar geworden sind, zur Gebäudesteuer herangezogen.
2. Ebenso treten Steuererhöhungen infolge von Verbesserungen der Gebäude (§ 6 Ziffer 5) erst nach Ablauf eines Jahres seit dem Etatsjahre in Kraft, in welchem die Verbesserung vollendet worden ist.

Erhebung der Steuer.

§ 9.

Die Erhebung der Gebäudesteuer erfolgt auf Grund der von dem Direktor der direkten Steuern festgesetzten Heberolle nach den für die übrigen direkten Steuern maßgebenden Vorschriften.

Einwendungen gegen die Steueransätze.

§ 10.

Gegen die festgestellten Nutzungswerte der Gebäude, sowie die auf Grund derselben in Ansatz gebrachten

[1]) S. Seite 30.

Steuerbeträge sind Einwendungen innerhalb dreimonatiger Frist von Bekanntgabe der Heberolle ab zulässig.

Sofern die Einwendungen den den Steuerbeträgen zugrund liegenden Nutzungswert zum Gegenstand haben, entscheidet über dieselben in erster Instanz der Direktor der direkten Steuern, in zweiter Instanz das Ministerium nach Anhörung der Kommission der Landesschätzer oder eines von derselben aus ihrer Mitte gewählten Ausschusses.

Wiederholte Einwendungen in bezug auf bereits in früheren Jahren in zweiter Instanz festgestellte Nutzungswerte, in welchen neue Gründe nicht vorgebracht werden, sind vom Direktor der direkten Steuern als unzulässig zurückzuweisen. Gegen diese Entscheidung ist Beschwerde an das Ministerium statthaft.

Die nach Absatz 2 und 3 zulässigen Berufungen und Beschwerden sind binnen einer Ausschlußfrist von einem Monat von der Bekanntgabe der Entscheidung ab einzulegen.

Für die übrigen Einwendungen gelten die für die Einreichung, Prüfung und Entscheidung der Reklamationen gegen die direkten Steuern vorgeschriebenen Formen und Fristen.

Für die Beurteilung der Einwendungen ist der Rechts- und Tatbestand vom Beginn des betreffenden Etatsjahres maßgebend.

Irrtümer in der Veranlagung, wie Schreib- und Rechenfehler, unterlassene oder doppelte Veranlagungen, und dergleichen, können durch den Direktor der direkten Steuern von Amts wegen berichtigt werden.

Die für das Rechnungsjahr 1896/97 erhobenen Reklamationen und Einwendungen sind stempelfrei.

Steuererlasse.

§ 11.

Die Gebäudesteuer oder ein Teil derselben wird unter folgenden Voraussetzungen auf Antrag erlassen:

1. für Gebäude, welche gänzlich abgebrochen oder durch Brand, Überschwemmung oder sonstige Unfälle völlig zerstört worden sind. Der Erlaß kann von dem ersten Tage desjenigen Monats ab, in welchem der Abbruch vollendet oder die Zerstörung erfolgt ist, statthaben;
2. wenn durch Ereignisse der unter Ziffer 1 gedachten Art der Jahresertrag eines solchen Gebäudes ganz oder teilweise verloren geht, in letzterem Falle jedoch nur, wenn der erlittene Verlust mindestens den vierten Teil des jährlichen Nutzungswertes des Gebäudes erreicht;
3. wenn ein Gebäude mindestens während eines Vierteljahres ganz oder teilweise unbenutzt geblieben ist.

Der Antrag auf Steuererlaß ist in den Fällen der Ziffer 1 und 2 innerhalb Monatsfrist nach Eintritt des den Erlaß begründenden Ereignisses, in den Fällen der Ziffer 3 binnen einem Monat von der Wiederbenutzung des Gebäudes und, wenn das Gebäude über das Etatsjahr hinaus unbenutzt bleibt, im ersten Monate nach letzterem bei dem Direktor der direkten Steuern von dem Steuerpflichtigen anzubringen.

Die Entscheidung über den Antrag steht dem Direktor der direkten Steuern zu. Gegen dieselbe ist Beschwerde bei dem Ministerium zulässig.

Deckung der Entbürdungen.

§ 12.

Entbürdungen jeder Art werden aus einem durch Zuschläge zu bildenden Ausfallfonds gedeckt.

Die Höhe der Zuschläge beträgt für das Etatsjahr 1896/97 zwei vom Hundert des Prinzipalbetrages der Gebäudesteuer und des Betrages der Bezirks- und Gemeindezuschläge. Für die folgenden Jahre wird der Ausfallfonds durch das Etatsgesetz bestimmt.

Abgaben von den Gebäuden der toten Hand.

§ 13.

Die in Gemäßheit des Gesetzes vom 20. Februar 1849 zu erhebende Abgabe von den Gütern der toten Hand wird für die nach gegenwärtigem Gesetz zu besteuernden Gebäude nebst Zubehör auf neun und dreißig [1]) vom Hundert des Prinzipalbetrages der Gebäudesteuer festgesetzt.

Schlußbestimmungen.

§ 14.

Dieses Gesetz tritt am 1. April 1896 in Kraft.

Von diesem Zeitpunkte ab werden die bisher vom bebauten Grundeigentum nebst Zubehör erhobene Grundsteuer und die bisherige Tür und Fenstersteuer aufgehoben.

§ 15.

Abgeändert durch Art. II des Gesetzes vom 17. Juli 1907 (S. 34).

§ 16.

Die Ausführungsbestimmungen zu dem Gesetz erläßt das Ministerium.

---

[1]) s. Art. III des Ges. vom 17. Juli 1907 (S. 35).

2. Gesetz,

betreffend

die Abänderung des Gesetzes über die Bereinigung des Katasters, die Ausgleichung der Grundsteuer und die Fortführung des Katasters, vom 31. März 1884. Vom 6. April 1892.

(Gesetzbl. S. 33.)

---

b. Gebäude.

§ 40.

Jedes der Steuer unterliegende Gebäude mit Einschluß der Grundfläche, sowie des dazu gehörigen Hofraumes und 20 Ar nicht übersteigenden Hausgartens wird nach Maßgabe seines jährlichen Nutzungswertes zu S. 32 einer der in dem anliegendem Tarif bestimmten Stufen eingeschätzt.

Trifft der ermittelte Nutzungswert zwischen zwei Stufen, so ist das Gebäude zu der geringeren einzuschätzen.

§ 41.

Den Gegenstand der Einschätzung bilden:

a) die Gebäude, welche ausschließlich oder vorzugsweise zum Bewohnen oder nur in Ansehung einzelner Räume zu gewerblichen Zwecken, z. B. zu Kaufläden, Werkstätten usw., benutzt werden, ebenso wie Schauspiel-, Ball-, Bade-, Gesellschaftshäuser und ähnliche Gebäude;

b) solche Gebäude, welche ausschließlich oder vorzugsweise zum Gewerbebetrieb dienen, namentlich Fabriken und Manufakturgebäude, Ziegel-, Kalk- und Gipsbrennereien, Brauereien und Branntweinbrennereien, Hammer- und Hüttenwerke, Schmieden, Schmelzöfen und Mühlen. Bei diesen

Gebäuden kommt jedoch nur der Mietwert des räumlichen Gelasses ohne Rücksicht auf die damit verbundenen Triebwerke oder die darin befindlichen Maschinen und Gerätschaften in Betracht.

§ 42.

Ausgeschlossen von der Einschätzung sind:

1. die Gebäude, welche sich im Besitz des Kaisers befinden;
2. die ertraglosen Gebäude, welche dem Reich, Elsaß-Lothringen, den Bezirken oder den Gemeinden gehören und zu einem öffentlichen Dienst oder Gebrauch, sowie zum öffentlichen Unterricht bestimmt sind, selbst wenn sich in denselben Dienstwohnungen befinden;
3. die dem öffentlichen Gottesdienste der Religionsgesellschaften gesetzlich anerkannter Bekenntnisse gewidmeten Gebäude, sowie die bischöflichen Seminarien;
4. die zu Dienstwohnungen der Bischöfe, der Pfarrgeistlichen, der sonstigen mit geistlichen Funktionen bekleideten Personen, sowie der Diener der Religionsgesellschaften eines gesetzlich anerkannten Bekenntnisses bestimmten Gebäudes, insoweit dieselben nicht gemietet sind:
5. die Armen-, Waisen- und Krankenhäuser, welche öffentlichen Körperschaften gehören;
6. die vom Staate als öffentlichen Unterrichtszwecken dienend anerkannten höheren Privatlehranstalten;
7. diejenigen unbewohnten Gebäude, sowie die als selbständige Gebäude zu betrachtenden Keller, Speicher, Remisen, Scheunen, Ställe u. dergl., welche nur zum Betrieb der Landwirtschaft, insbesondere zur Unterbringung des Wirtschaftsviehes, der Wirtschaftsgeräte und der Bodenerzeugnisse usw. bestimmt sind;

8. die zu gewerblichen Anlagen gehörigen Gebäude, welche zur Unterbringung der zum Gewerbebetrieb erforderlichen Wagen und Viehgeschirre, sowie als Stallungen für das lediglich zum Gewerbebetrieb bestimmte Zugvieh dienen;
9. die zu Ent- uud Bewässerungsanlagen dienenden unbewohnten Gebäude.

§ 43.

In größeren Gemeinden, sowie in denjenigen ländlichen Ortschaften, in welchen aus wirklichen Mietpreisen ein zureichender Anhalt für die Feststellung des Nutzungswerts der Gebäude gewonnen werden kann, ist der Nutzungswert (§ 40) der zu veranlagenden Gebäude mit Einschluß der zu diesen gehörigen Hofräume und Hausgärten nach dem mittleren jährlichen Mietwerte derselben festzustellen. Letzterer ist nach den durchschnittlichen Mietpreisen abzumessen, welche innerhalb der dem Veranlangungsjahr unmittelbar vorangegangenen fünf Jahre in der Gemeinde bedungen worden sind. In Ausnahmefällen kann mit Genehmigung der Kommission der Landesschätzer (§ 45) besonderen Verhältnissen Rechnung getragen werden.

§ 44.

In den übrigen ländlichen Ortschaften sind behufs Feststellung des Nutzungswerts der Gebäude neben den Bevölkerungs- und Verkehrsverhältnissen die Größe, Bauart, der Bauwert und die Beschaffenheit der Gebäude, sowie die Größe und Beschaffenheit der zu den letzteren gehörigen Hofräume und Hausgärten (§ 40) zu berücksichtigen, auch können etwaige Kaufpreise und Sterbfallerklärungen als Anhalt dienen.

Außerdem sind zum Zwecke der Einschätzung die Tarifstufen (§ 40) durch die Kommission der Landesschätzer (§ 45) in drei Hauptklassen einzuteilen und zwar derart, daß in der Regel

a) die Wohngebäude, welche zu ländlichen Grundstücken von so geringem Ertrage gehören, daß deren Besitzer zu ihrem Unterhalt noch anderweiten Verdienst durch Tagelohn oder diesem ähnliche Lohnarbeit suchen müssen, ebenso die Wohngebäude der kleinen Handwerker, Fabrikarbeiter usw.;

b) die Wohngebäude, welche zu solchen selbständigen ländlichen Besitzungen gehören, deren wirtschaftlicher Reinertrag nach ungefährer Schätzung durchschnittlich weniger als 3000 ℳ jährlich beträgt;

c) die Wohngebäude, welche zu solchen größeren ländlichen Besitzungen gehören, deren wirtschaftlicher Reinertrag auf 3000 ℳ jährlich oder darüber geschätzt wird;

je eine Hauptklasse für sich bilden.

Diese Wohngebäude dürfen niemals in eine höhere Stufe eingeschätzt werden als Wohngebäude von gleicher Größe, Bauart und Beschaffenheit in den nächst gelegenen größeren Gemeinden.

§ 45.

Zur Wahrung der Gleichmäßigkeit der gesamten Schätzungen wird eine Kommission der Landesschätzer gebildet. Dieselbe besteht aus fünfzehn Mitgliedern, von denen der Vorsitzende und fünf Mitglieder durch das Ministerium ernannt und die übrigen Mitglieder durch den Landesausschuß gewählt werden.

Sie ist beschlußfähig, wenn mindestens acht Mitglieder anwesend sind; bei Stimmengleichheit gibt die Stimme des Vorsitzenden den Ausschlag.

Die Kommission der Landesschätzer hat die allgemeinen Grundsätze, welche bei der Schätzung zu beachten sind, festzustellen; dieselben unterliegen der Bestätigung des Ministeriums. Ferner hat sie die Tätigkeit der einzelnen Schätzungskommissionen (§ 46) in bezug auf die Richtigkeit und Gleichmäßigkeit der Schätzungen zu beaufsichtigen und ist befugt, zu diesem Zweck die letzteren zu erhöhen oder herabzusetzen. Die Kommission ist berechtigt, zu ihren Arbeiten jederzeit Sachverständige zuzuziehen. Das Nähere über den Geschäftsgang der Kommission der Landesschätzer und die Bezüge der Mitglieder und Sachverständigen bestimmt das Ministerium.

§ 46.

Die Neueinschätzung der Gebäude geschieht innerhalb zu bildender Schätzungsdistrikte durch Kommissionen unter dem Vorsitze besonderer von dem Ministerium zu bestimmenden Ausführungskommissare.

Die Zahl der Mitglieder dieser Kommissionen wird, mit Rücksicht auf den Umfang des Schätzungsdistrikts und die Zahl der dazu gehörigen größeren Gemeinden, von dem Direktor der direkten Steuern bestimmt.

Die Mitglieder werden von dem Kreistag, für solche Gemeinden jedoch, welche einen Schätzungsdistrikt für sich bilden, von dem Gemeinderat gewählt.

Bei der Wahl durch den Kreistag ist darauf zu sehen, daß die dem Schätzungsdistrikt angehörenden größeren Gemeinden angemessen vertreten werden, auch kann einzelnen dieser Gemeinden von dem Direktor der direkten Steuern das Recht beigelegt werden, durch den Gemeinderat ein Mitglied der Schätzungskommission wählen zu lassen.

Die Schätzungskommission faßt ihre Beschlüsse nach Stimmenmehrheit und ist beschlußfähig, wenn mindestens zwei Drittel der Mitglieder anwesend sind. Im Falle der Stimmengleichheit gibt die Stimme des Vorsitzenden den Ausschlag. Das Nähere über den Geschäftsgang der Schätzungskommission und die Bezüge der Mitglieder derselben bestimmt das Ministerium.

§ 47.

Das Ergebnis der Schätzungsarbeiten wird den Gebäudeeigentümern durch Offenlegung der Nachweisungen über diese Arbeiten und durch Zufertigung von Auszügen aus denselben bekannt gemacht.

Diese Auszüge müssen unter näherer Bezeichnung der zur Schätzung gekommenen Gebäude die für diese in Ansatz gebrachten Nutzungswerte und die Stufe des Tarifs, zu welcher die Gebäude eingeschätzt sind, enthalten.

Die Nachweisungen über die Ergebnisse der Gebäudeeinschätzungen sind auf dem Bürgermeisteramt der Gemeinde während eines Monats zur Einsichtnahme offen zu legen.

Einwendungen gegen die geschehene Einschätzung sind während der Offenlegung schriftlich bei dem Bürgermeister oder binnen einer Ausschlußfrist von einem Monat, vom Beginn der Offenlegung ab, bei dem Ausführungskommissar des Schätzungsdistrikts schriftlich oder mündlich vorzubringen.

Über die Einwendungen entscheidet der Direktor der direkten Steuern.

Gegen die Entscheidung desselben kann binnen einer Ausschlußfrist von einem Monat, vom Tage der Bekanntgabe ab, Berufung beim Ministerium erhoben werden. Letzteres entscheidet nach Anhörung der Kommission der Landesschätzer endgültig.

Die durch die Untersuchung unbegründeter Berufungen entstandenen Kosten können ganz oder teilweise den Berufenden zur Last gelegt werden.

§ 48.

Die Ergebnisse der Schätzungen für die einzelnen Gebäude einer Gemeinde werden in ein Gebäuderegister eingetragen, welches bis zur Errichtung der neuen Katasterurkunden an Stelle derselben der Fortführung nach Maßgabe der §§ 49 ff.[1]) unterliegt und als Grundlage für die Veranlagung der Gebäudesteuer nach den hierfür zu treffenden besonderen gesetzlichen Bestimmungen zu dienen hat.

---

[1]) vgl. Gesetz vom 31. März 1884 (Gesetzbl. S. 73).

Zu § 40.

Tarif zur Einschätzung der Gebäude.

Stufe.	Jährlicher Nutzungswert der Gebäude. Mark.	Stufe.	Jährlicher Nutzungswert der Gebäude. Mark.
1	10	25	800
2	20	26	900
3	30	27	1 000
4	45	28	1 100
5	60	29	1 200
6	80	30	1 300
7	100	31	1 400
8	125	32	1 500
9	150	33	1 700
10	175	34	1 900
11	200	35	2 100
12	225	36	2 300
13	250	37	2 500
14	275	38	2 800
15	300	39	3 100
16	325	40	3 400
17	350	41	3 700
18	400	42	4 000
19	450	43	4 300
20	500	44	4 600
21	550	45	4 900
22	600	46	5 200
23	650	47	5 500
24	700	48	6 100*

* Jede weitere Stufe steigt um 500 ℳ jährlichen Nutzungswerts.

3. Gesetz,

betreffend

die Verwendung der Erträge der Kapitalsteuer und der Lohn- und Besoldungssteuer, sowie die Erhebung der Bezirkszuschläge. Vom 13. Juli 1901.

(Gesetzbl. S. 80.)

§ 3.

Der gemäß § 4, Abs. 1 des Gesetzes vom 14. Juli 1895, betreffend die Gebäudesteuer (Gesetzbl. S. 95), auf Vier ein Halb vom Hundert des Nutzungswerts festgestellte Satz für die Gebäudesteuer wird auf Vier[1]) vom Hundert ermäßigt.

Der Satz der Gebäudesteuer für die Dienstwohnungen (§ 4, Abs. 2, 3 des vorerwähnten Gesetzes) wird auf Zwei ein Fünftel[2]) vom Hundert des Nutzungswerts der Dienstwohnungen festgestellt.

§ 4.

Grundstücke, welche der landwirtschaftlichen Benutzung entzogen sind und zu gewerblichen Zwecken dauernd verwendet werden, unterliegen der Besteuerung nach Maßgabe ihres Nutzungswerts zu dem gleichen Satze wie die Gebäude. Die Feststellung des Nutzungswerts erfolgt nach den Vorschriften des Gebäudesteuergesetzes.

§ 8.

Die Bezirkszuschläge sind zu einem für alle direkten Steuern, einschließlich der Bergwerkssteuer, gleichen Satze zu erheben.

---

[1]) Auf 3,50 ermäßigt durch Ges. v. 17. Juli 1907 (S. 34).
[2]) Auf 1,90 ermäßigt durch Ges. v. 17. Juli 1907 (S. 34).

4. Gesetz,

betreffend

die Gebäudesteuer. Vom 17. Juli 1907.

(Gesetzbl. S. 79.)

Art. I.

Die durch § 3 des Gesetzes vom 13. Juli 1901, betreffend die Verwendung der Erträge der Kapitalsteuer und der Lohn- und Besoldungssteuer sowie die Erhebung der Bezirkszuschläge (Gesetzbl. S. 80), abgeänderten beiden ersten Absätze des § 4 des Gesetzes vom 14. Juli 1895, betreffend die Gebäudesteuer (Gesetzbl. S. 95), erhalten folgende Fassung:

„Die Steuer beträgt jährlich 3,50 vom Hundert des Nutzungswerts nach Maßgabe des durch das Gesetz vom 6. April 1892 festgestellten Tarifs.

Die Steuer für die im § 2, Absatz 2 bezeichneten Gebäude beträgt 1,90 vom Hundert des Nutzungswerts der Dienstwohnungen."

Art. II.

Der § 15 des Gebäudesteuergesetzes erhält folgende Fassung:

„Ist in einer Gemeinde bei sämtlichen Gebäuden oder einem Teile der Gebäude seit der letzten Feststellung eine bleibende Erhöhung oder Verminderung der Nutzungswerte um mindestens ein Zehntel eingetreten, so ist das Ministerium befugt, nach Anhörung der Kommission der Landesschätzer eine Neufeststellung der Nutzungswerte für diese Gebäude vornehmen zu lassen.

Eine Neufestsetzung der Nutzungswerte kann auf Antrag der Gemeinde auch dann erfolgen, wenn nach dem

Gutachten der Kommission der Landesschätzer die der Besteuerung zugrunde liegenden Nutzungswerte bei sämtlichen Gebäuden oder einem Teile der Gebäude in ihrem Gesamtbetrage um mindestens ein Zehntel von den derzeitigen wirklichen Nutzungswerten abweichen.

Für diese Neufeststellung der Nutzungswerte gelten die Vorschriften des Absatzes 1 und 3 des § 7.

Die neufestgestellten Nutzungswerte bilden die Grundlage für die Gebäudesteuer vom nächsten Etatsjahr ab und unterliegen den Rechtsmitteln gemäß § 10."

Art. III.

Der durch § 7 des Gesetzes vom 13. Juli 1901 abgeänderte § 13 des Gebäudesteuergesetzes erhält nachstehende Fassung:

„Die in Gemäßheit des Gesetzes vom 20. Februar 1849 zu erhebende Abgabe von den Gütern der toten Hand wird für die noch gegenwärtigen Gesetze zu besteuernden Gebäude nebst Zubehör auf 39[1]) vom Hundert des Prinzipalbetrags der Gebäudesteuer festgesetzt."

Art. IV.

Die nach Art. I und III abgeänderten Steuersätze kommen zum ersten Male bei der Veranlagung für das Steuerjahr 1909 zur Anwendung.

---

[1]) S. Seite 25 u. 37.

1. Gesetz,

betreffend

die Anwendung der Handänderungsabgabe auf die Güter der toten Hand. Vom 20. Februar 1849.

(Bull. d. l. Ser. X Nr. 1109.)

Art. 1. Vom 1. Januar 1849 ab wird den der Grundsteuer [1]) unterliegenden Liegenschaften, welche den Bezirken, Gemeinden, Pflegehäusern, Seminaren, Kirchenfabriken, Religionsgenossenschaften, Konsistorien, Wohltätigkeitsanstalten, Armenräten, anonymen Gesellschaften und überhaupt irgendwelchen gesetzlich genehmigten öffentlichen Anstalten gehören, eine jährliche Abgabe als Ersatz der Gebühren für Übertragungen unter Lebenden oder auf Todesfall auferlegt. Diese Abgabe wird mit $62^1/_2$ Centimes [1]) vom Frank des Grundsteuerprinzipal berechnet.

Art. 2. Die für die Veranlagung und die Beitreibung der Grundsteuer vorgeschriebenen Formen sind auch für den Ansatz und die Erhebung der neuen Abgabe zu befolgen.

---

[1]) Bei Trennung der Grundsteuer von der Gebäudesteuer wurde durch § 13 des Gesetzes vom 14. Juli 1895 (Gesetzbl. S. 25) dieser Satz für die Gebäude auf 30% des Prinzipalbetrages der Gebäudesteuer festgestellt. Weitere Änderung des Satzes in $89^1/_2$% der Grundsteuer und in 34% der Gebäudesteuer durch das Gesetz vom 13. Juli 1901 § 7 (s. Seite 37). Weitere Änderung des Satzes der Gebäudesteuer auf 39% durch das Gesetz vom 17. Juli 1907 (S. 35).

2. Gesetz,

betreffend

die Verwendung der Erträge der Kapitalsteuer und der Lohn- und Besoldungssteuer sowie die Erhebung der Bezirkszuschläge. Vom 13. Juli 1901.

(Gesetzbl. S. 80.)

---

§ 7.

Die in Gemäßheit des Gesetzes vom 20. Februar 1849 zu erhebende Abgabe von den Gütern der toten Hand wird für die der Grundsteuer unterliegenden Güter auf Neunundachzig ein Halb vom Hundert des Prinzipalbetrages der Grundsteuer und für die der Gebäudesteuer unterliegenden Güter auf (Vierunddreißig) [1]) vom Hundert des Prinzipalbetrages der Gebäudesteuer festgesetzt.

---

[1]) Durch Ges. vom 17. Juli 1907. (S. 35) auf 39 festgesetzt.

1. Gesetz,

betreffend

die Gewerbesteuer. Vom 8. Juni 1896.

(Gesetzb. S. 31.)

§ 1.

Gegenstand der Besteuerung.

Der Besteuerung nach diesem Gesetz unterliegen die in Elsaß-Lothringen betriebenen stehenden Gewerbe, sowie die Berufstätigkeit der Ärzte, Gerichtsvollzieher, Notare und Rechtsanwälte. Als Gewerbe gilt auch der Geschäftsbetrieb der Erwerbs- und Wirtschaftsgenossenschaften (Gesetz vom 1. Mai 1889, R.-G.-Bl. S. 55).[1])

[1]) Gesetz vom 1. Mai 1889:

Gesellschaften von nicht geschlossener Mitgliederzahl, welcher die Förderung des Erwerbes oder der Wirtschaft ihrer Mitglieder mittelst gemeinschaftlichen Geschäftsbetriebes bezwecken (Genossenschaften), namentlich:

1. Vorschuß- und Kreditvereine,
2. Rohstoffvereine,
3. Vereine zum gemeinschaftlichen Verkaufe landwirtschaftlicher oder gewerblicher Erzeugnisse (Absatzgenossenschaften, Magazinvereine),
4. Vereine zur Herstellung von Gegenständen und zum Verkaufe derselben auf gemeinschaftliche Rechnung (Produktivgenossenschaften),
5. Vereine zum gemeinschaftlichen Einkauf von Lebens- oder Wirtschaftsbedürfnissen im Großen und Absatz im Kleinen (Konsumvereine),
6. Vereine zur Beschaffung von Gegenständen des landwirtschaftlichen oder gewerblichen Betriebes und zur Benutzung derselben auf gemeinschaftliche Rechnung,
7. Vereine zur Herstellung von Wohnungen,

erwerben die Rechte einer „eingetragenen Genossenschaft“ nach Maßgabe dieses Gesetzes.

§ 2.

Gewerbliche Unternehmungen mit dem Sitze außerhalb Elsaß-Lothringens, welche in Elsaß-Lothringen durch Errichtung von Zweigniederlassungen, Fabrikations-, Ein- oder Verkaufsstätten einen Geschäftsbetrieb unterhalten, oder für deren Rechnung auf sonstige Weise ein Gewerbe in Elsaß-Lothringen sebständig betrieben wird, sind nach Maßgabe dieses Betriebes der Gewerbesteuer in Elsaß-Lothringen unterworfen.

Dieselben sind verpflichtet, auf Erfordern bei der Steuerverwaltung einen in Elsaß-Lothringen wohnhaften Vertreter zu bestellen, welcher für die Erfüllung aller dem Inhaber des Unternehmens obliegenden Verpflichtungen samtverbindlich haftet.

§ 3.

Von der Gewerbesteuer sind befreit: Steuerbefreiungen.

1. das Reich;
2. Elsaß-Lothringen, die Bezirke und Gemeinden bezüglich der von ihnen im öffentlichen Interesse und für gemeinnützige Zwecke ohne die vorherrschende Absicht der Erzielung eines Gewinnes betriebenen gewerblichen Unternehmungen;
3. die öffentlichen Kreditverbände sowie die öffentlichen Versicherungsanstalten;
4. die Reichsbank mit der Beschränkung, daß die Steuerbefreiung nicht auch die Befreiung von den Bezirks- und Gemeindezuschlägen zur Folge hat.

§ 4.

Der Gewerbesteuer unterliegen nicht:

1. die Land- und Forstwirtschaft, die Viehzucht, die Jagd, die Fischzucht, der Obst- und Weinbau, der Gartenbau — mit Ausnahme der Kunst- und Handelsgärtnerei — einschließlich des Absatzes der selbst-

gewonnenen Erzeugnisse in rohem Zustande oder nach einer Verarbeitung, welche im Bereiche des betreffenden Erwerbszweiges liegt;

2. die landwirtschaftlichen Branntweinbrennereien (§ 41 I des Gesetzes, betreffend die Besteuerung des Branntweins);
3. der Bergbau, soweit er der verhältnismäßigen Bergwerksabgabe nach Maßgabe des Gesetzes vom 16. Dezember 1873 unterliegt, einschließlich der Aufbereitung und des Verkaufs der selbstgewonnenen Rohproducte; [1])
4. die Gewinnung von Torf, Sand, Kies, Lehm, Mergel, Ton, Stein, Schiefer, Kalk, Kreide und dergleichen für den eigenen Gebrauch;
5. der Handel auf Wochenmärkten mit Verzehrungsgegenständen des Wochenmarktverkehrs (§ 66 der Gewerbeordnung); [2])
6. die Ausübung eines amtlichen Berufes, soweit hiermit eine Gehaltszahlung aus Mitteln des Reichs, des Landes, der Bezirke oder der Gemeinden verbunden ist, die Ausübung der Kunst, sowie einer

---

[1]) Aufgehoben durch § 5 des Gesetzes vom 14. Juli 1908 (S. 75).

[2]) § 66 der Gewerbeordnung:

Gegenstände des Wochenmarktverkehrs sind:

1. rohe Naturerzeugnisse mit Ausschluß des größeren Viehs;
2. Fabrikate, deren Erzeugung mit der Land- und Forstwirtschaft, dem Garten- und Obstbau oder der Fischerei in unmittelbarer Verbindung steht, oder zu den Nebenbeschäftigungen der Landleute der Gegend gehört, oder durch Taglöhnerarbeit bewirkt wird, mit Ausschluß der geistigen Getränke;
3. frische Lebensmittel aller Art.

Die zuständige Verwaltungsbehörde ist auf Antrag der Gemeindebehörde befugt, zu bestimmen, welche Gegenstände außerdem nach Ortsgewohnheit und Bedürfnis in ihrem Bezirke überhaupt oder an gewissen Orten zu den Wochenmarktartikeln gehören.

wissenschaftlichen, schriftstellerischen, unterrichtenden oder erziehenden Tätigkeit.

§ 5

Der Gewerbesteuer sind ferner unterworfen:

1. die Vereine, eingetragenen Genossenschaften und Körperschaften, welche
   a) ausschließlich die gemeinschaftliche Verwertung landwirtschaftlicher Erzeugnisse der Mitglieder bezwecken, unter denselben Voraussetzungen, unter welchen der gleiche Geschäftsbetrieb des einzelnen Mitgliedes hinsichtlich seiner selbstgewonnenen Erzeugnisse von der Gewerbesteuer freibleibt (§ 4 Ziffer 1),
   b) den auf vorherige Bestellung erfolgenden gemeinschaftlichen Einkauf von Wirtschaftsbedürfnissen des landwirtschaftlichen Betriebes für die Mitglieder oder die gemeinschaftliche Beschaffung und Benutzung landwirtschaftlicher Gebrauchsgegenstände durch die Mitglieder bezwecken;
2. die nicht öffentlichen Vorschuß- und Kreditvereine, deren Betriebskapital einschließlich der Reserve oder sonstigen Ansammlungsfonds die Höhe von 50000 Mark nicht erreicht.

Das Ministerium ist ermächtigt, auch für Unternehmungen anderer Körperschaften, Vereine und Personen, welche nur wohltätige oder gemeinnützige Zwecke unter Ausschluß eines Gewinnes für die Unternehmer verfolgen, Steuerfreiheit zu gewähren.

§ 6.

Die Besteuerung der Gewerbe erfolgt nach Maßgabe der Ertragsfähigkeit derselben. Maßstab der Steuer.

Die Ertragsfähigkeit eines Gewerbes bemißt sich nach derjenigen Ziffer, welche unter normalen Verhältnissen und bei normalem Betriebe nach Abzug der auf den Betrieb zu verwendenden Kosten erfahrungsmäßig als durchschnittlich verbleibender Jahresertrag angenommen werden kann.

§ 7.

Steuertarif.

(s. S. 58 u. 60.)

Die Steuer beträgt 1,$_{90}$ vom Hundert der Ertragsfähigkeit und wird nach Maßgabe des anliegenden Tarifs erhoben.

§ 8.

Ort der Veranlagung und Veranlagungsgrundsätze.

Die Veranlagung erfolgt in dem Gemeindebezirk, in welchem das Gewerbe betrieben wird.

Findet der Betrieb in mehreren Gemeindebezirken statt, so erfolgt für die Gesamtheit der Unternehmung die Veranlagung in dem Gemeindebezirk, in welchem die Geschäftsleitung ihren Sitz hat, und es tritt demnächst eine Teilung des Betrages der gesamten Ertragsfähigkeit nach Maßgabe des Umfangs der in den einzelnen Gemeinden betriebenen Teile der Unternehmung für diese Gemeindebezirke ein.

Gewerbe, welche ohne Begründung einer geschäftlichen Niederlassung betrieben werden, sind am Wohnorte des Inhabers der Gewerbe einzuschätzen.

Die Veranlagung der Gewerbe, deren Inhaber in Elsaß-Lothringen weder eine geschäftliche Niederlassung noch einen Wohnort besitzen, erfolgt in dem von dem Direktor der direkten Steuern zu bestimmenden Gemeindebezirk.

§ 9.

Gewerbe, welche von mehreren Personen gemeinschaftlich betrieben werden, sind ebenso zur Steuer zu veranlagen, als wenn sie nur von einer Person betrieben würden.

Für die Erfüllung der nach diesem Gesetze den

Steuerpflichtigen obliegenden Verpflichtungen haften die Teilnehmer (Gesellschafter) samtverbindlich.

§ 10.

Der Gewerbebetrieb der juristischen Personen und Vereine wird wie derjenige physischer Personen veranlagt.

Für die Erfüllung der nach diesem Gesetze den Steuerpflichtigen obliegenden Verpflichtungen haften bei Aktiengesellschaften und sonstigen durch einen Vorstand vertretenen Gesellschaften, Genossenschaften und dergleichen und bei juristischen Personen der Vorsitzende und jedes Mitglied des geschäftsführenden Vorstandes, bei Kommanditgesellschaften und Kommanditgesellschaften auf Aktien die persönlich haftenden Gesellschafter.

Die Erfüllung der Verpflichtung seitens Eines der dafür Haftenden befreit die Übrigen von ihrer Verbindlichkeit.

§ 11.

Betreibt die Ehefrau eines Gewerbetreibenden, welche nicht dauernd von demselben getrennt lebt, ein eigenes Gewerbe, so ist die Ertragsfähigkeit dieses Gewerbes zwar besonders zu bestimmen; die Besteuerung jedoch erfolgt für dieses Gewerbe und dasjenige des Ehemannes gemeinsam.

§ 12.

Bei inländischen Gewerben, welche in anderen Bundesstaaten einen stehenden Betrieb durch Errichtung einer Zweigniederlassung, Fabrikations-, Ein- oder Verkaufsstätte oder in sonstiger Weise unterhalten, bleibt derjenige Betrag der ermittelten Ertragsfähigkeit, welcher auf den in anderen Bundesstaaten unterhaltenen Betrieb entfällt, für die Besteuerung außer Ansatz, jedoch nach Abzug eines auf die in Elsaß-Lothringen befindliche Geschäftsleitung zu rechnenden angemessenen Anteils der Ertragsfähigkeit, soweit nicht das Gesetz wegen Beseitigung der Doppelbesteuerung vom 14. Januar 1872 (Gesetzbl. S. 61) [1]) entgegensteht.

Umgekehrt ist bei Gewerben, welche ihren Sitz in einem anderen Bundesstaate haben und in Elsaß-Lothringen Nebenbetriebe unterhalten, ein entsprechender Abzug für die Leitung des Gesamtbetriebes an der für diese Nebenbetriebe festgestellten Ertragsfähigkeit zuzulassen.

§ 13.

Erstmalige Veranlagung.

Für die Veranlagung der Gewerbesteuer haben die auf Grund des Gesetzes vom 6. Mai 1893, betreffend die Gewerbesteuer-Einschätzung, ermittelten Schätzungsergebnisse als Grundlage zu dienen.

Zu diesem Zweck ist eine Berichtigung und Ergänzung dieser Ergebnisse auf den Stand vom 1. April 1897 unter Berücksichtigung der Bestimmungen des gegenwärtigen Gesetzes vorzunehmen.

§ 14.

Jährliche Veranlagung.

In der Folge findet für jedes Steuerjahr eine Veranlagung der Gewerbesteuer statt. Dieselbe beschränkt sich auf die Einschätzung der neu begonnenen Gewerbebetriebe, sowie die infolge von Zu- und Abgängen und nachhaltigen Änderungen im Betriebe oder von tatsächlichen Irrtümern notwendig werdende Berichtigung der bisherigen Einschätzungsergebnisse.

Bei der jährlichen Veranlagung haben die auf Grund des § 7 des Gesetzes vom 6. Mai 1893, betreffend die Gewerbesteuer-Einschätzung, aufgestellten allgemeinen Schätzungs-Grundsätze gleichmäßige Anwendung zu finden.

Die juristischen Personen, Aktiengesellschaften, Kommanditgesellschaften auf Aktien, eingetragenen Genossenschaften und alle zur öffentlichen Rechnungslegung verpflichteten gewerblichen Unternehmungen sind verbunden, ihre Geschäftsberichte und Jahresabschlüsse, sowie die

---

[1]) § 3 dieses Gesetzes bestimmt:

Der Grundbesitz und der Betrieb eines Gewerbes sowie das aus diesen Quellen herrührende Einkommen darf nur von demjenigen Bundesstaate besteuert werden, in welchem der Grundbesitz liegt oder das Gewerbe betrieben wird.

darauf bezüglichen Beschlüsse der Generalversammlungen nach näherer Bestimmung des Ministeriums alljährlich dem Direktor der direkten Steuern einzureichen.

Eine Verpflichtung zur Abgabe von Erklärungen gemäß § 13 [1]) des erwähnten Gesetzes besteht nur für diejenigen Gewerbetreibenden, welche im vergangenen Steuerjahre nicht bereits zur Gewerbesteuer veranlagt waren und inzwischen den Sitz und die Art und Weise, wie die Ausdehnung des Betriebes ihres Gewerbes verändert haben. Die Frist zur Abgabe dieser Erklärungen wird auf drei Wochen festgesetzt.

---

[1]) § 13 des Gesetzes vom 6. Mai 1893 bestimmt:

Die Gewerbetreibenden sind verpflichtet, innerhalb einer von dem Ausführungskommissar zu bestimmenden Frist, welche mindestens auf sechs Wochen zu bemessen ist, bei dem Bürgermeister ihrer Gemeinde oder dem Ausführungskommissar bzw. dessen Vertreter Erklärungen über nachstehende tatsächlichen Verhältnisse abzugeben:

1. die Zahl ihrer Gehilfen und Arbeiter und
2. die verwendeten Betriebsräume und Betriebsmittel, insbesondere auch deren Alter und Zustand.

Zu den Betriebsmittel sind namentlich zu rechnen:

a) die Betriebskräfte (Wasser, Dampf usw.), welche für ein Gewerbe benutzt werden;
b) die ständigen, zur Führung eines Geschäftes an Maschinen, Gerätschaften und Werkzeugen vorhandenen Einrichtungen;
c) die zum Gewerbebetrieb verwendeten Tiere.

Diese Erklärungen können sowohl schriftlich, nach näherer Anleitung des vom Ministerium auf Vorschlag der Kommission der Landesschätzer festgestellten Formulars, als auch mündlich erfolgen.

Eine Verpflichtung der Gewerbetreibenden zur Abgabe von Erklärungen über den Ertrag ihrer Gewerbe, sowie zur Vorlegung ihrer Geschäftsbücher besteht nicht, auch sind die Schätzungsorgane nicht berechtigt, von den Gewerbetreibenden Erklärungen über den Ertrag ihrer Gewerbe oder die Vorlage der Geschäftsbücher zu verlangen.

Von einzelnen Steuerpflichtigen kann auch in anderen, als den vorbezeichneten Fällen, die Abgabe der Erklärung innerhalb der gleichen Frist verlangt werden.

Ebenso ist das Ministerium berechtigt, zeitweilig für bestimmte Steuerjahre die allgemeine Abgabe von Erklärungen, sowie die Vornahme einer allgemeinen Revision der Gewerbesteuerveranlagung anzuordnen.

Die Ergebnisse der jährlichen Veranlagung kommen, vorbehaltlich der besonderen Bestimmungen des § 27, Absatz 2, 3, erst vom nächsten Steuerjahr ab zur Anwendung.

§ 15.

An- und Abmeldung der Gewerbe.

Wer nach Inkrafttreten dieses Gesetzes den Betrieb eines Gewerbes anfängt, hat denselben vorher bei dem Bürgermeister der Gemeinde, in welcher der Betrieb stattfinden soll, anzumelden.

Es bedarf dieser Anmeldung nicht in den Fällen, in welchen nach Vorschrift des § 14 der Gewerbeordnung[1]) die Anzeige des Geschäftsbetriebes erfolgt.

Die Bürgermeister sind verpflichtet, von allen bei ihnen eingehenden Gewerbeanmeldungen in der vom Ministerium zu bestimmenden Frist der zuständigen Steuerbehörde Mitteilung zu machen.

Das Aufhören eines steuerpflichtigen Betriebes ist von den Gewerbetreibenden der mit dem Einzug der Steuer betrauten Steuerkasse schriftlich anzuzeigen.

---

[1]) § 14 der Gewerbeordnung:

Wer den selbständigen Betrieb eines stehenden Gewerbes anfängt, muß der für den Ort, wo solches geschieht, nach den Landesgesetzen zuständigen Behörde gleichzeitig Anzeige davon erstatten. Die Anzeige liegt auch demjenigen ob, welcher zum Betriebe eines Gewerbes im Umherziehen befugt ist.

§ 16.

Organe und Bezirke der Veranlagung.

Die Veranlagung der Gewerbe geschieht durch besondere Veranlagungskommissionen.

Für jeden Steuerveranlagungsbezirk wird eine Kreiskommission und für jeden Verwaltungsbezirk eine Bezirkskommission gebildet.

§ 17.

Die Veranlagung der Gewerbe, deren Betrieb sich vorwiegend auf den unmittelbaren Absatz an Konsumenten erstreckt oder im wesentlichen nur von örtlicher Bedeutung ist, sowie auch der Privat-Feldmesser und der gewerbsmäßig mit der Besorgung fremder Rechtsangelegenheiten und der Vermittelung von Immobiliarverträgen, Darlehen und Heiraten sich befassenden Personen erfolgt durch die Kreiskommission, diejenige aller übrigen durch die Bezirkskommissionen.

Von den Bezirkskommissionen zu veranlagen sind auch die Ärzte, Apotheker, Architekten und Ingenieure, Gerichtsvollzieher, Notare, Rechtsanwälte, Tierärzte und Zahntechniker.

§ 18.

Die Kreiskommission besteht:

1. aus einem Vertreter der Steuerverwaltung als Vorsitzenden;
2. aus vier von dem zuständigen Bezirkstage nach Anhörung des Kreistages in geheimer Abstimmung zu wählenden Mitgliedern, für welche gleichzeitig Stellvertreter im Wege der Wahl bestimmt werden können;
3. aus zwei von dem Direktor der direkten Steuern aus den Gewerbetreibenden zu ernennenden Mitgliedern.

Die Amtsdauer der unter Ziffer 2 und 3 bezeichneten Mitglieder beträgt sechs Jahre mit der Maßgabe, daß nach den ersten drei Jahren die durch Los zu bestimmende Hälfte derselben ausscheidet.

Einzelnen Gemeinden kann von dem Direktor der direkten Steuern das Recht beigelegt werden, von den durch ihn zu ernennenden Mitgliedern ein Mitglied für die Dauer von drei Jahren durch den Gemeinderat wählen zu lassen.

Die Kommission faßt ihre Beschlüsse nach Stimmenmehrheit und ist beschlußfähig, wenn mindestens fünf Mitglieder, einschließlich des Vorsitzenden, anwesend sind. Bei Stimmengleichheit gibt die Stimme des Vorsitzenden den Ausschlag.

§ 19.

Die Bezirkskommission besteht:

1. aus einem von dem Direktor der direkten Steuern abzuordnenden höheren Beamten der Direktion als Vorsitzenden;
2. aus drei von dem zuständigen Bezirkstage in geheimer Abstimmung zu wählenden Mitgliedern, für welche gleichzeitig Stellvertreter im Wege der Wahl bestimmt werden können;
3. aus drei von den Handelskammern des Bezirks zu wählenden Mitgliedern, für welche gleichzeitig Stellvertreter im Wege der Wahl bestimmt werden können;
4. aus vier von dem Direktor der direkten Steuern aus den Gewerbetreibenden zu ernennenden Mitgliedern.

Die Amtsdauer der unter Ziffer 2 bis 4 bezeichneten Mitglieder beträgt sechs Jahre mit der Maßgabe, daß nach den ersten drei Jahren von den unter Ziffer 2 genannten Mitgliedern ein Mitglied und von den unter Ziffer 3 und 4 genannten Mitgliedern je zwei Mitglieder, welche durch das Los zu bestimmen sind, ausscheiden.

Die Kommission faßt ihre Beschlüsse nach Stimmenmehrheit und ist beschlußfähig, wenn mindestens sieben Mitglieder, einschließlich des Vorsitzenden, anwesend sind. Bei Stimmengleichheit gibt die Stimme des Vorsitzenden den Ausschlag.

§ 20.

Das Amt der Mitglieder der Veranlagungskommission ist ein Ehrenamt.

Für die Dauer der Sitzungen erhalten die an denselben teilnehmenden Mitglieder Reisekosten und Tagegelder nach Maßgabe eines vom Ministerium zu erlassenden Regulativs.

Im übrigen gelten für die Pflichten der Mitglieder der Veranlagungskommissionen die Bestimmungen des § 21 des Gesetzes vom 6. Mai 1893.[1])

§ 21.

Die Vorsitzenden der Kreis- und Bezirkskommissionen, welche zugleich die Interessen des Staates vertreten, haben die Veranlagungsgeschäfte zu leiten und die Beschlüsse der Kommission auszuführen. Verfahren der Veranlagung.

Sie haben insbesondere die öffentlichen Bekanntmachungen wegen Abgabe der Veränderungserklärungen (§ 14) zu erlassen, die eingegangenen Erklärungen und

[1]) Derselbe bestimmt:

Die Mitglieder der Schätzungskommissionen und der Revisionskommission haben dem Vorsitzenden mittelst Handschlags an Eidesstatt zu geloben, daß sie bei den Schätzungsverhandlungen ohne Ansehen der Person nach bestem Wissen und Gewissen verfahren und die Verhandlungen sowie die hierbei zu ihrer Kenntnis gelangenden Tatsachen bezüglich der Verhältnisse der Gewerbetreibenden strengstens geheim halten werden.

Das gleiche Gelöbnis haben vor einem Kommissar des Ministeriums diejenigen Vorsitzenden abzugeben, welche nicht schon als Beamte beeidigt sind.

Die bei der Einschätzung beteiligten Beamten sind zur Geheimhaltung der Verhandlungen sowie der zu ihrer Kenntnis gelangenden Tatsachen bezüglich der Verhältnisse der Gewerbetreibenden kraft des von ihnen geleisteten Amtseides verpflichtet.

Anzeigen (§ 15) einer Vorprüfung zu unterziehen und soweit erforderlich, ergänzen zu lassen.

Außerdem sind die Vorsitzenden der Bezirkskommissionen verpflichtet, innerhalb des Bezirks dieser Kommissionen die Veranlagungsgeschäfte zu beaufsichtigen.

§ 22.

Die Veranlagungskommissionen haben die eingegangenen Erklärungen und Veränderungsanzeigen (§§ 14, 15) zu prüfen und sind berechtigt, eine Vervollständigung der Verhandlungen und Anzeigen zu veranlassen.

Sie sind befugt, weitere Erhebungen zur Feststellung der tatsächlichen Verhältnisse des Gewerbebetriebes, soweit erforderlich, durch Vernehmung von Sachverständigen und Auskunftspersonen zu veranlassen, auch zur Gewinnung der für die Veranlagung weiter notwendigen Anhaltspunkte eine Besichtigung der gewerblichen Anlagen und Betriebsstätten während der Arbeitsstunden eintreten zu lassen.

Mit der Besichtigung der Anlagen und Betriebsstätten können ohne Zustimmung der Gewerbetreibenden andere Personen als Staatsbeamte nicht beauftragt werden.

Vor der Vernehmung kann die Vereidigung der Sachverständigen und Auskunftspersonen bei dem Amtsgericht, in dessen Bezirk das zu veranlagende Gewerbe seinen Sitz hat, veranlaßt werden.

§ 23.

Gewerbesteuerrolle.

Auf Grund der Feststellungen der Veranlagungskommissionen hat der Direktor der direkten Steuern die Beträge der Gewerbesteuer entsprechend dem Tarife (§ 7) zum Ansatz bringen und die Heberollen hiernach aufstellen zu lassen.

Derselbe ist befugt, hierbei etwaige in den Vorverhandlungen begangene Schreib- und Rechenfehler zu berichtigen.

Die Heberollen sind von ihm für vollstreckbar zu erklären und nach den für die direkten Steuern geltenden Vorschriften bekannt zu geben.

§ 24.

Steuererhebung.

Die Erhebung der Gewerbesteuer erfolgt nach den für die direkten Steuern maßgebenden Vorschriften. Für einzelne Gewerbebetriebe, insbesondere solche, deren Inhaber außerhalb des Reichs wohnen, kann das Ministerium die Entrichtung der vollen Jahressteuer in einer Zahlung anordnen.

Die Zahlung der veranlagten Steuer wird durch die Einlegung von Rechtsmitteln (§ 28 ff.) nicht aufgehalten, muß vielmehr mit Vorbehalt späterer Erstattung in den vorgeschriebenen Fristen erfolgen.

§ 25.

Wird ein Gewerbebetrieb in Fällen der Vererbung, Verpachtung, Veräußerung und bei ähnlichen Ereignissen von einer anderen Person fortgesetzt, so ist die veranlagte Steuer bis zum Ablaufe des Steuerjahres fortzuentrichten und es findet nur eine Umschreibung des Namens statt.

Der Verkäufer, sowie der Verpächter eines Gewerbes haftet für die Jahressteuer samtverbindlich mit dem Käufer bezw. Pächter desselben.

Die Umschreibung erfolgt auf Antrag durch den Direktor der direkten Steuern.

§ 26.

Begrenzung der Steuerpflicht.

Die Steuerpflicht beginnt mit dem Anfange des auf die Eröffnung des Betriebes folgenden Kalendervierteljahres und dauert bis zum Ende desjenigen Kalendervierteljahres, in welchem das Gewerbe abgemeldet wird. Erfolgt die Abmeldung in demselben Vierteljahr, in welchem der Betrieb begann, so ist der Gewerbebetrieb für ein Vierteljahr steuerpflichtig.

Zeitweilige durch die Natur des Gewerbebetriebes bedingte Unterbrechung befreit nicht von der Steuerverpflichtung für die Zwischenzeit bis zur Wiederaufnahme des Betriebes im Laufe desselben oder des nächstfolgenden Jahres.

§ 27.

Zugang im Laufe des Jahres.

Die Veranlagung der Gewerbebetriebe, welche nach Beginn der jährlichen Veranlagung neu eröffnet werden, erfolgt in vorläufiger Weise durch den zuständigen Steuerveranlagungsbeamten und die Einziehung der Steuer durch Nachtragsrollen, welche nach Vorschrift des § 23 zu behandeln sind.

Bei dem nächsten Zusammentritt der Veranlagungskommission hat die definitive Feststellung der für das Gewerbe in Ansatz zu bringenden Steuer nach den hierüber geltenden Vorschriften und unbeschadet der gesetzlichen Rechtsmittel zu geschehen.

Diese Feststellung hat die Wirkung, daß der Steuerpflichtige zur Nachentrichtung der infolge der vorläufigen Veranlagung zu wenig gezahlten Steuer verbunden ist und daß ein zuviel gezahlter Betrag erstattet wird.

Durch das Ministerium kann bestimmt werden, daß neu eröffnete Gewerbebetriebe sich mit einem Nachweise über die Veranlagung und, soweit erforderlich, Entrichtung der Gewerbesteuer zu versehen und diesen den hierzu beauftragten Kontrollorganen vorzuzeigen haben.

§ 28.

Rechtsmittel.

Gegen das Ergebnis der Veranlagung, welches dem Steuerpflichtigen in der für die übrigen direkten Steuern vorgeschriebenen Weise zugleich mit der Belehrung über die zulässigen Rechtsmittel bekannt zu machen ist, steht sowohl diesem als dem Vorsitzenden der Veranlagungskommission das Rechtsmittel des Einspruchs bei der Veranlagungskommission zu.

Dasselbe ist bei dem Direktor der direkten Steuern binnen einer Ausschlußfrist von drei Monaten einzulegen, welche von dem Tage der Bekanntgabe der Rolle (§ 23) ab läuft.

Soweit eine Teilung der Beträge der Ertragsfähigkeit zwischen verschiedenen Gemeinden in Gemäßheit des § 8 erforderlich wird, ist diese von der zuständigen (§ 17) Veranlagungskommission nach Anhörung der Steuerpflichtigen zu bewirken. Das Ergebnis der Teilung ist sowohl den beteiligten Gemeinden als den Steuerpflichtigen zuzustellen. Denselben steht das Recht des Einspruchs gegen diese Teilung bei dem Direktor der direkten Steuern binnen der gleichen Frist zu.

§ 29.

Gegen die Entscheidung der Veranlagungskommission über den Einspruch steht sowohl dem Steuerpflichtigen und im Falle des § 28 Absatz 3 auch den beteiligten Gemeinden, als auch dem Vorsitzenden mit Genehmigung des Direktors der direkten Steuern binnen einer Ausschlußfrist von einem Monat das Rechtsmittel der Berufung an die Berufungskommission zu. Die Berufung ist von dem Steuerpflichtigen bei dem Direktor der direkten Steuern einzulegen. Die Frist zur Einlegung derselben läuft für den Vorsitzenden vom Tage der Entscheidung und für den Steuerpflichtigen vom Tage der Bekanntgabe derselben ab.

Die Berufungskommission besteht aus sieben Mitgliedern, einschließlich des Vorsitzenden, und ist beschlußfähig, wenn mindestens fünf Mitglieder, einschließlich des Vorsitzenden, anwesend sind.

Von den Mitgliedern müssen zwei zum Richteramt befähigt und drei Gewerbetreibende sein. Drei Gewerbetreibende werden vom Landesausschuß gewählt, die übrigen Mitglieder vom Statthalter ernannt. Die Amtsdauer der Mitglieder beträgt sechs Jahre.

Die Berufungskommission ist befugt, die weiter erforderlichen Feststellungen vorzunehmen und zu diesem Behufe von den den Veranlagungskommissionen zustehenden Mitteln (§ 22) Gebrauch zu machen.

Das Nähere über den Geschäftsgang und die Bezüge der Mitglieder bestimmt der Statthalter.

Für die Pflichten der Mitglieder der Berufungskommission gelten die Bestimmungen des § 21 des Gesetzes vom 6. Mai 1893.[1])

§ 30.

Steuererlasse.

Wird durch Krankheit oder Tod des Inhabers, Brandunglück, Überschwemmung oder sonstige unvorhergesehene Ereignisse die Ertragsfähigkeit eines Gewerbes wesentlich herabgemindert, so kann ein angemessener Erlaß der Steuer bewilligt werden.

Ebenso kann

1. im Falle der Aufgabe des Geschäftes infolge Todesfalles oder Wegzuges aus Elsaß-Lothringen,
2. im Falle der Schließung des Geschäftes infolge Konkurses, sowie in sonstigen Fällen der unfreiwilligen Einstellung des Betriebes ein Steuererlaß von dem auf dieses Ereignis folgenden Monat ab statthaben.

Die Entscheidung trifft der Direktor der direkten Steuern und auf Beschwerde das Ministerium.

§ 31.

Veranlagte Gewerbesteuerbeträge können in einzelnen Fällen niedergeschlagen werden, wenn deren zwangsweise Beitreibung die Steuerpflichtigen in ihrer wirtschaftlichen Existenz gefährden, oder wenn das Beitreibungsverfahren voraussichtlich ohne Erfolg sein würde.

Zur Entscheidung über diese Fälle ist der Direktor der direkten Steuern und auf Beschwerde das Ministerium zuständig.

---

[1]) s. Seite 49. (Anmerkung.)

§ 32.

Strafbestimmungen.

Wer die gesetzliche Verpflichtung zur Anmeldung eines Gewerbes innerhalb der vorgeschriebenen Frist nicht erfüllt (§ 15), verfällt in eine Geldstrafe bis zum doppelten Betrage der einjährigen Steuer. Daneben ist die vorenthaltene Steuer zu entrichten.

Die Festsetzung dieser Steuer steht dem Direktor der direkten Steuern zu, gegen dessen Entscheidung nur Beschwerde an das Ministerium zulässig ist.

§ 33.

Mit Geldstrafe bis zu 300 Mark wird bestraft:

1. wer die nach § 2 Absatz 2, §§ 14, 22, 29 ihm obliegende Verpflichtung nicht oder nicht rechtzeitig erfüllt,
2. wer die Erklärung, zu welcher er nach § 14 verpflichtet ist, wissentlich unvollständig oder unrichtig abgibt,
3. wer dem nach § 22 Absatz 3 Befugten die Einsicht der gewerblichen Anlagen und Betriebsstätten verweigert.

§ 34.

Die auf Grund der §§ 32, 33 festgesetzten, aber nicht beizutreibenden Geldstrafen sind nach Maßgabe der für Übertretungen geltenden Bestimmungen des Strafgesetzbuches (§ 28, 29) in Haft umzuwandeln.

§ 35.

In Betreff der in den § 32, 33 bezeichneten strafbaren Handlungen findet vorläufige Festsetzung der Geldstrafe durch den Direktor der direkten Steuern statt.

Die Untersuchung und Entscheidung steht dem Gericht zu, wenn der Beschuldigte nicht die vorläufig festgesetzte Geldstrafe nebst den durch das Verfahren gegen ihn entstandenen Kosten binnen einer ihm bekannt gemachten Frist freiwillig zahlt.

Das Einschreiten des Gerichts erfolgt, ohne daß die Strafe durch den Direktor der direkten Steuern vorläufig festgesetzt ist, wenn dieser von der vorläufigen Festsetzung Abstand zu nehmen erklärt oder der Beschuldigte darauf verzichtet. Bei den gerichtlichen Entscheidungen ist hinsichtlich der Höhe der im § 32 vorgeschriebenen Geldstrafe die vom Direktor der direkten Steuern bezw. dem Ministerium festzusetzende Jahressteuer zugrunde zu legen.

Die Entscheidung wegen der hinterzogenen Steuer verbleibt in allen Fällen den vorbezeichneten Verwaltungsbehörden.

§ 36.

Die bei der Steuerveranlagung beteiligten Beamten, sowie die Mitglieder der Veranlagungskommissionen und der Berufungskommissionen werden, wenn sie die Veranlagungsverhandlungen sowie die aus Anlaß derselben zu ihrer Kenntnis gelangten Tatsachen bezüglich der Verhältnisse der Gewerbetreibenden unbefugt offenbaren (§§ 20, 29), mit Geldstrafe von Dreißig bis zu Zweitausend Mark bestraft unbeschadet der zivilrechtlichen Haftbarkeit.

Die Strafverfolgung tritt nur auf Antrag des Ministeriums ein.

Die Verurteilung hat den Verlust des Veranlagungsamts und die Unfähigkeit zur Bekleidung eines solchen Amts zur Folge.

§ 37.

Kosten. Die Kosten der Steuerveranlagung und Erhebung fallen der Landeskasse zur Last. Jedoch können die durch die Untersuchung unbegründeter Berufungen (§ 29) entstandenen Kosten durch Beschluß der Berufungskommission ganz oder teilweise den Berufenden auferlegt werden.

Die Gebühren für Auskunftspersonen und Sachverständige (§ 22) werden nach den in den Zivilprozessen zur Anwendung kommenden Vorschriften berechnet.

§ 38.

Den Gemeinden wird ein Betrag von acht vom Hundert der in den Rollen zum Ansatz gebrachten Gewerbesteuer überlassen.

§ 39.

Zur Deckung der Ausfälle an dem in den Rollen zum Ansatz gebrachten Steuersoll infolge von Entbürdungen (Freistellungen, Minderungen, Erlassen und dergleichen), sowie zur Deckung der Druckkosten wird ein Zuschlag von fünf vom Hundert des Steueransatzes zu Gunsten der Landeskasse erhoben. Zuschläge.

§ 40.

Die bisherigen Bestimmungen, betreffend die Erhebung von Zuschlägen auf die Patentsteuer für Bezirks-[1]) und Gemeinde-Zwecke, finden auf die durch dieses Gesetz eingeführte Gewerbesteuer gleichmäßig Anwendung.

§ 41.

Die Leitung des Veranlagungsgeschäfts steht dem Direktor der direkten Steuern zu. Derselbe entscheidet über Beschwerden gegen das Verfahren der Veranlagungsbeamten nnd Veranlagungskommissionen, sowie der Vorsitzenden derselben; die Entscheidung in weiterer Instanz steht dem Ministerium zu. Die letztere ist endgültig. Oberaufsicht.

§ 42.

Dieses Gesetz kommt zunächst bei der Veranlagung für das Jahr 1897/98 zur Anwendung. Mit dieser Maßgabe und vorbehaltlich der Anwendung auf frühere Fälle treten alle dem gegenwärtigen Gesetze entgegenstehenden Bestimmungen, insbesondere die Gesetze vom 25. April 1844, 15. Mai 1850, 10. Juni 1853, 4. Juni 1858, 26. Juli 1860, 2. Juli 1862, 13. Mai 1863, 2. August 1868, 8. Mai 1869 und 27. Juli 1870 am 1. April 1897 außer Kraft. Schlußbestimmungen.

Die Ausführungsbestimmungen zu diesem Gesetze erläßt das Ministerium.

---

[1]) Vgl. § 8 des Gesetzes vom 13. Juli 1901 Seite 60.

Anlage zu § 7.

Tarif zur Berechnung der Gewerbesteuer.

Stufe.	Ertrags-fähigkeit. Mark.	Mittel-betrag der Ertrags-fähigkeit. Mark.	Der Steuer von 1,90 vom Hundert unterliegen von dem Mittelbetrag der Ertragsfähigkeit. Prozent.
1	unter 500	250	20[1]
2	von 500 bis 1 000	750	35[1]
3	„ 1000 „ 1500	1250	50
4	„ 1500 „ 2000	1750	55
5	„ 2000 „ 2500	2250	60
6	„ 2500 „ 3000	2750	65
7	„ 3000 „ 4000	3500	70
8	„ 4000 „ 5000	4500	75
9	„ 5000 „ 6000	5500	75
10	„ 6000 „ 7000	6500	75
11	„ 7000 „ 8000	7500	75
12	„ 8000 „ 10000	9000	75
13	„ 10000 „ 12500	11250	80
14	„ 12500 „ 15000	13750	90
15	„ 15000 „ 17500	16250	90
16	„ 17500 „ 20000	18750	90
17	„ 20000 „ 25000	22500	100
18	„ 25000 „ 30000	27500	100
19	„ 30000 „ 35000	32500	100
20	„ 35000 „ 40000	37500	100
21	„ 40000 „ 45000	42500	100
22	„ 45000 „ 50000	47500	100

Jede weitere Stufe steigt um 10 000 Mark Ertragsfähigkeit; der Prozentsatz 100 bleibt derselbe.

---

[1]) S. Seite 60.

2. Gesetz,

betreffend

die Verwendung der Erträge der Kapitalsteuer und der Lohn- u. Besoldungssteuer sowie die Erhebung der Bezirkszuschläge vom 13. Juli 1901.

(Gesetzbl. S. 80)

---

§ 5.

Die nach dem Gesetze vom 8. Juni 1896 (Gesetzbl. S. 31) zu erhebende Gewerbesteuer für Betriebe, deren Ertragsfähigkeit, mit Bezügen aus anderen Erwerbsquellen zusammen, den Betrag von 700 Mark jährlich nicht übersteigt, kommt in Wegfall. Der Tarif für die Gewerbesteuer (§ 7 des vorgenannten Gesetzes) wird gemäß der Anlage abgeändert.

Die nach Absatz 1 von der Gewerbesteuer befreiten Steuerpflichtigen mit einer Ertragsfähigkeit unter 700 Mark sind zu den Gemeindezuschlägen heranzuziehen. Dabei bleiben Steuerbeträge unter 0,50 Mark außer Ansatz. Der Gemeinderat, unter Zuziehung der Höchstbesteuerten, ist berechtigt, auf die Veranlagung der betreffenden Steuerpflichtigen zu den Gemeindezuschlägen zu verzichten.

Tarif zur Berechnung der Gewerbesteuer.

Stufe	Ertrags-fähigkeit Mark	Mittelbetrag der Ertragsfähig-keit Mark	Der Steuer von 1,9) vom Hundert unterliegen von dem Mittelbetrag der Ertragsfähigkeit. Prozent
1	unter 500	250	20
2	500—700	600	25
3	700—1000	850 usw.	30

§ 8.

Die Bezirkszuschläge sind zu einem für alle direkten Steuern, einschließlich der Bergwerkssteuern, gleichen Satze zu erheben.

1. Gesetz,

betreffend

die Wandergewerbesteuer. Vom 8. Juni 1896.

(Gesetzbl. S. 44.)

---

§ 1.

Wer außerhalb des Gemeindebezirks seines Wohnortes oder der durch besondere Anordnung der Verwaltungsbehörde dem Gemeindebezirk des Wohnortes gleichgestellten nächsten Umgebung desseben ohne Begründung einer gewerblichen Niederlassung und ohne vorgängige Bestellung in eigener Person Steuerpflicht.
1. Waren feilbieten,
2. Warenbestellungen aufsuchen oder Waren bei anderen Personen, als bei Kaufleuten, oder an anderen Orten, als in offener Verkaufsstelle zum Wiederverkauf ankaufen,
3. gewerbliche Leistungen anbieten,
4. Musikaufführungen, Schaustellungen, theatralische Vorstellungen oder sonstige Lustbarkeiten, ohne daß ein höheres Interesse der Kunst oder der Wissenschaft dabei obwaltet, darbieten will,

unterliegt der Wandergewerbesteuer.

§ 2.

Wandergewerbesteuerpflichtig ist nicht: Steuerbefreiungen.
1. wer selbstgewonnene Erzeugnisse der Land- und Forstwirtschaft, des Garten- und Obstbaues, der Geflügel- und Bienenzucht, der Jagd und Fischerei feilbietet;
2. wer in der Umgegend seines Wohnortes, bis zu 15 Kilometer Entfernung von demselben, selbst verfer-

tigte Waren, welche zu den Gegenständen des Wochenmarktsverkehrs gehören, feilbietet oder gewerbliche Leistungen, hinsichtlich deren dies Landesgebrauch ist, anbietet;

3. wer selbstgewonnene Erzeugnisse oder selbstverfertigte Waren, hinsichtlich deren dies Landesgebrauch ist, zu Wasser anfährt und von dem Fahrzeuge aus feilbietet;
4. wer bei öffentlichen Festen, Truppenzusammenziehungen oder anderen außergewöhnlichen Gelegenheiten mit Erlaubnis der Ortspolizeibehörde die von derselben bestimmten Waren feilbietet.

§ 3.

Der Wandergewerbesteuer unterliegt ferner nicht der Gewerbebetrieb der unter § 1 Ziffer 1, 2 bezeichneten Art auf Messen, Jahr- und Wochenmärkten.

§ 4.

Der Wandergewerbesteuer sind ferner nicht unterworfen die Inhaber eines stehenden Gewerbes sowie die in deren Diensten stehenden Reisenden, welche außerhalb des Gemeindebezirks ihrer gewerblichen Niederlassung beziehungsweise der gewerblichen Niederlassung ihrer Geschäftsherren für die Zwecke ihres Gewerbebetriebes oder desjenigen ihrer Geschäftsherren Waren aufkaufen oder Bestellungen auf Waren aufsuchen, soweit sie hierzu nach den Bestimmungen der Gewerbeordnung auf Grund einer Legitimationskarte für Handelsreisende befugt sind.

Voraussetzung der Steuerfreiheit ist, daß

1. die aufgekauften Waren nur behufs deren Beförderung an den Bestimmungsort mitgeführt werden,
2. von den Waren, auf welche Bestellungen gesucht werden, nur Proben und Muster mitgeführt werden, und

3. das Aufkaufen von Waren nur bei Kaufleuten oder solchen Personen, welche die Waren herstellen, oder in offenen Verkaufsstellen erfolgt.

§ 5.

Besteuerung als stehender Gewerbebetrieb.

Die Gewerbe, welche ohne Begründung einer festen Niederlassung nur im Gemeindebezirk des Wohnortes oder innerhalb der durch besondere Anordnung der Verwaltungsbehörde dem Gemeindebezirke des Wohnortes gleichgestellten nächsten Umgebung im Umherziehen betrieben werden, unterliegen der Besteuerung nach den Bestimmungen für die stehenden Gewerbe.

In gleicher Weise sind alle nicht unter § 1 fallenden Arten der Ausübung des Gewerbebetriebes außerhalb des Gemeindebezirks des Wohnortes und ohne Begründung einer gewerblichen Niederlassung, welche der Wandergewerbesteuer nicht unterliegen, zu behandeln.

§ 6.

Gewerbebetrieb der Ausländer.

Für Angehörige außerdeutscher Staaten gelten, soweit nicht durch Verträge oder Vereinbarungen anderweite Festsetzungen getroffen sind, nachstehende Bestimmungen:

1. Dieselben unterliegen allgemein und auch in den Fällen des § 2 der Wandergewerbesteuer, soweit sie zur Ausübung des Wandergewerbes im Inland nach der Gewerbeordnung und den Ausführungsbestimmungen hierzu eines Wandergewerbescheins oder nach § 2 des Reichsgesetzes vom 27. Februar 1888, betreffend die Einführung der Gewerbeordnung in Elsaß-Lothringen (Reichsgesetzblatt Seite 57) einer Kolportageerlaubnis bedürfen.
2. Der Handel auf Messen, Jahr- und Wochenmärkten, (§ 3) bleibt auch für die Ausländer von der Wandergewerbesteuer frei.
3. Auf Ausländer, welche in einem deutschen Staate weder einen Wohnsitz, noch eine gewerbliche Nieder-

lassung haben, sowie auf die in ihren Diensten stehenden Reisenden, finden die Bestimmungen des § 4 keine Anwendung.

§ 7.

Anmeldung des Gewerbebetriebes.

Wer ein der Wandergewerbesteuer unterliegendes Gewerbe (§§ 1, 6) ausüben will, ist verpflichtet, dasselbe vor Eröffnung des Betriebes behufs Entrichtung der Steuer bei der zuständigen Steuerbehörde anzumelden und einen Steuerschein zu lösen (§ 9).

Mit der Anmeldung ist schriftlich oder zu Protokoll nach näherer Bestimmung des Ministeriums eine Erklärung über diejenigen Verhältnisse abzugeben, welche für die Steuerbemessung maßgebend sind (§ 8).

Die Anmeldung ist, sofern zu dem beabsichtigten Gewerbebetrieb nach der Gewerbeordnung die Ausstellung eines Wandergewerbescheins oder einer Legitimationskarte bezw. nach § 2 des Reichsgesetzes vom 27. Februar 1888, betreffend die Einführung der Gewerbeordnung in Elsaß-Lothringen (Reichsgesetzbl. S. 57), eine Kolportageerlaubnis von einer elsaß-lothringischen Behörde notwendig wird, mit dem Antrag auf Erteilung der letzteren zu verbinden; bei Aushändigung des Steuerscheins erfolgt in diesen Fällen zugleich mit derjenigen des Wandergewerbescheins beziehungsweise der Legitimationskarte.

§ 8.

Betrag der Steuer.

Die Wandergewerbesteuer wird jeweils für das Kalenderjahr festgesetzt und beträgt in der Regel 60 Mark.

Insoweit die Ausstellung des Wandergewerbescheins für eine kürzere Dauer als das Kalenderjahr erfolgt, findet auch die Festsetzung der Steuer nur für diesen Zeitraum, jedoch nicht unter dem Betrage voller Kalendermonate statt.

Die zuständige Steuerbehörde ist ermächtigt, nach Maßgabe der mutmaßlichen Ertragsfähigkeit der einzelnen Gewerbebetriebe, gemäß näherer Anweisung des Ministeriums

1. für Gewerbe geringerer Art, sofern solche nicht in einem für dieselben ungewöhnlichen Umfange betrieben werden, sowie auch für andere Gewerbe, wenn sie in erheblich geringerem, als dem gewöhnlichen Umfange betrieben werden, oder der Gewerbebetrieb durch besondere Umstände (körperliche Gebrechen, hohes Alter des Gewerbetreibenden und dergleichen mehr) beeinträchtigt wird, ermäßigte Jahressätze von 48, 36, 24, 18 und 12 Mark,[1])
2. für Gewerbebetriebe von bedeutenderem Umfange oder mit erheblichem Betriebskapital und Umsatz erhöhte Jahressteuersätze bis 360 Mark[1]) festzusetzen.

Die Angehörigen solcher außerdeutscher Staaten (§ 6), mit denen kein Übereinkommen dieserhalb getroffen ist, haben auf eine Ermäßigung des Steuersatzes nach Maßgabe vorstehender Bestimmungen keinen Anspruch.

Das Ministerium ist befugt, ausnahmsweise für gewisse Gewerbsarten oder in besonderen Fällen den Betrieb des Wandergewerbes steuerfrei zu gestatten und demgemäß die Steuerbehörden zur Erteilung von Steuerfreischeinen zu ermächtigen.

§ 9.

Festsetzung der Steuer. Steuerschein.

Die Festsetzung der Wandergewerbesteuer erfolgt auf Grund der Anmeldung des Gewerbebetriebes (§ 7) durch die zuständige Steuerbehörde nach näherer Bestimmung des Ministeriums; die Steuerbehörde fertigt für den Inhaber des Waudergewerbebetriebes einen Steuerschein aus und überweist denselben der mit der Einziehung der Steuer beauftragten Kasse zur Aushändigung gegen Erlegung der fälligen Steuer.

Wegen der Form der Steuerscheine, der Vereinigung derselben für die Vorsteher nnd Mitglieder von Gesell-

[1]) s. Seite 74.

schaften (§ 1 Ziffer 4), wegen Verbindung der Steuerscheine mit den Wandergewerbescheinen und wegen des sonstigen Verfahrens erläßt das Ministerium die erforderlichen Anordnungen.

In die mit einem Wandergewerbeschein nicht verbundenen Steuerscheine kann auch das Signalement des Inhabers aufgenommen werden.

§ 10.

Die Wandergewerbesteuer ist in dem im Steuerschein angesetzten Betrage vor Beginn des Betriebes zu entrichten. Bei Gewerbetreibenden mit festem Wohnsitz in Elsaß-Lothringen kann eine ratenweise Zahlung der Steuer zugelassen werden.

Die Erhebung der Wandergewerbesteuer erfolgt nach den für die übrigen direkten Steuern geltenden Vorschriften.

§ 11.

Der Steuerschein gilt nur für diejenige Person, für welche er ausgefertigt ist, und darf einer anderen Person zur Benutzung nicht überlassen werden.

Wer für einen anderen ein Wandergewerbe zu betreiben beabsichtigt, bedarf eines eigenen Steuerscheins.

§ 12.

Verpflichtungen des Inhabers des Steuerscheins.

Der Inhaber eines Steuerscheins ist verbunden, diesen während der Ausübung des Gewerbebetriebes bei sich zu führen, auf Erfordern der zuständigen Behörde oder Beamten vorzuzeigen und auf deren Verlangen bis zur Herbeischaffung des Steuerscheins den Betrieb einzustellen.

Auf gleiches Erfordern hat er die von ihm geführten Waren vorzulegen.

§ 13.

Will der Wandergewerbetreibende nach Einlösung des Steuerscheins während dessen Gültigkeitsdauer

1. das Gewerbe auf andere, als die im Steuerschein bezeichneten Gegenstände, Waren oder Leistungen ausdehnen,
2. im Steuerschein nicht vorgemerkte Begleiter und Fuhrwerke mit sich führen,

so ist er verpflichtet, hiervon bei dem zuständigen Steuerveranlagungsbeamten behufs Änderung beziehungsweise Ergänzung des eingelösten oder Erteilung eines anderen Steuerscheins Anzeige zu machen. Die Bestimmungen der §§ 7, 9 finden hierbei gleichmäßige Anwendung.

Insofern die beabsichtigte Änderung des Gewerbebetriebes eine Erhöhung der Steuer (§ 8) oder die Entziehung der Steuerfreiheit (letzter Absatz des § 8) bedingt, ist der von der zuständigen Steuerbehörde festgestellte Mehrbetrag unter Anrechnung des bereits entrichteten Steuerbetrages bei Aushändigung des Steuerscheines zu zahlen.

§ 14.

Erstattung der Steuer.

Im Falle der Abstandnahme vom Beginn des Gewerbebetriebes, sowie in den Fällen einer Einstellung, Unterbrechung oder Verminderung desselben findet eine Erstattung der Steuer in der Regel nicht statt.

Ist jedoch wegen unvorhergesehener oder von dem Willen des Steuerpflichtigen unabhängiger Ereignisse der Beginn des Gewerbebetriebes unterblieben oder der Betrieb eingestellt worden, und wird der Steuerschein innerhalb einer Frist von 6 Monaten nach der Einlösung zurückgegeben, so kann die Steuer, ersteren Falles ganz, im letzteren Falle zu einem verhältnismäßigen Teile erstattet werden.

In Fällen solcher Art kann auf Antrag des Inhabers des Steuerscheins oder seiner Hinterbliebenen behufs Fortsetzung des Gewerbebetriebes für deren Rechnung ein neuer Steuerschein für den Rest des Jahres zu ermäßigtem Steuersatze oder steuerfrei erteilt werden.

Tritt infolge unvorhergesehener Ereignisse eine Unterbrechung der Ausübung des Gewerbebetriebes im Umherziehen ein, so ist das Ministerium ermächtigt, den davon betroffenen Gewerbetreibenden auf Antrag die angesetzte Wandergewerbesteuer ganz oder teilweise zu erlassen.

§ 15.

Verlust des Steuerscheins.

Wird glaubhaft nachgewiesen, daß ein Steuerschein verloren, vernichtet oder unbrauchbar geworden ist, so kann bei der Steuerbehörde die Erteilung einer neuen Ausfertigung gegen Ersatz der Auslagen einschließlich etwaiger Bekanntmachungskosten verlangt werden.

§ 16.

Rechtsmittel.

Gegen den Steuersatz steht dem Steuerpflichtigen binnen einer Ausschlußfrist von einem Monat von dem Tage der Aushändigung des Steuerscheins ab das Rechtsmittel des Einspruchs zu.

Über den Einspruch entscheidet der Direktor der direkten Steuern.

Gegen dessen Entscheidung findet binnen einem Monat vom Tage der Zustellung der Entscheidung ab Berufung an die gemäß § 29 des Gewerbesteuergesetzes eingesetzte Berufungskommission statt. Die Entscheidung der Berufungskommission ist endgültig.

Der Einspruch und die Berufung sind bei dem Direktor der direkten Steuern einzulegen.

§ 17.

Strafbestimmungen.

Der Steuerpflichtige, welcher

1. ein Wandergewerbe ausübt, ohne mit einem Steuerschein für dasselbe versehen zu sein (§ 7 Absatz 1, § 14 Absatz 3),
2. bei der Anmeldung des Gewerbebetriebes unvollständige oder unrichtige Angaben macht (§ 7 Absatz 2),

3. nach Lösung des Steuerscheins, ohne zuvor die vorgeschriebene Anmeldung erstattet zu haben,
   a) ein anderes, als das im Steuerschein bezeichnete Wandergewerbe betreibt,
   b) den Betrieb auf andere, als die im Steuerschein bezeichneten Gegenstände, Waren oder Leistungen ausdehnt, oder im Steuerschein nicht vorgemerkte Begleiter oder Fuhrwerke mit sich führt (§ 13),

verfällt in eine Geldstrafe bis zum doppelten Betrage der vorenthaltenen Steuer.

An die Stelle dieser Strafe tritt eine Geldstrafe von 1 bis 100 Mark, wenn aus den Umständen zu entnehmen ist, daß eine Steuerhinterziehung nicht beabsichtigt gewesen ist, oder wenn im Falle der rechtzeitigen Beachtung der Vorschriften der §§ 7, 13 der tatsächlich ausgeübte Gewerbebetrieb steuerfrei beziehungsweise ohne Erhöhung des schon angesetzten Steuerbetrages hätte stattfinden dürfen.

Die Einziehung der hinterzogenen Steuer erfolgt neben und unabhängig von der Strafe.

§ 18.

Für jede Zuwiderhandlung gegen die Bestimmungen des § 12 verfällt der Inhaber des Steuerscheins in eine Geldstrafe von 1 bis 50 Mark, sofern nicht wegen Verbindung des Wandergewerbescheins mit dem Steuerschein auf dieselbe Handlung oder Unterlassung schon die Strafbestimmungen des § 149 Ziffer 2, 4, 5 der Gewerbeordnung Anwendung finden.

§ 19.

Wer für seine Rechnung mit der Ausübung eines Wandergewerbes eine dritte Person beauftragt, hat für die durch die Zuwiderhandlungen des Beauftragten gemäß der §§ 17, 18 verwirkten Geldstrafen sowie für die Kosten des Verfahrens und die Nachzahlung der Steuer zu haften.

§ 20.

In den Fällen des § 17 Absatz 1 können die zum Wandergewerbebetriebe mitgeführten Gegenstände, soweit es zur Sicherheit der Steuer, Strafe und Kosten erforderlich ist, in Beschlag genommen werden.

§ 21.

Die auf Grund dieses Gesetzes festgesetzten, aber nicht beizutreibenden Geldstrafen sind nach Maßgabe der für Übertretungen geltenden Bestimmungen des Strafgesetzbuchs (§§ 28, 29) in Haft umzuwandeln.

§ 22.

Die Zuständigkeit sowie das Verfahren für die Untersuchung und Entscheidung in Betreff der in den §§ 17, 18 bezeichneten strafbaren Handlungen richten sich nach den Vorschriften des § 35 des Gesetzes, betreffend die Gewerbesteuer.

§ 23.

Zuschläge. Den Gemeinden wird ein Betrag von acht vom Hundert der Wandergewerbesteuer überlassen.

Die Erhebung von Zuschlägen zur Wandergewerbesteuer für Zwecke der Bezirke und Gemeinden findet nicht statt.

§ 24.

Wanderlager. Die Wanderlager, das heißt Unternehmungen, bei welchen außerhalb des Wohnortes des Unternehmers und außer dem Meß- und Marktverkehr, ohne Begründung einer dauernden gewerblichen Niederlassung, von einer festen Verkaufsstätte aus vorübergehend Waren, gleichviel ob zum Verkauf aus freier Hand oder im Wege der Versteigerung, feilgeboten werden, unterliegen neben der nach diesem Gesetze zu erhebenden Wandergewerbesteuer für jeden Ort des Betriebes einer besonderen Gemeindeabgabe.

Zu diesem Behuf hat an jedem Ort des Betriebes und für jede getrennte Betriebsstätte eine Anmeldung nach näherer Vorschrift des Ministeriums zu erfolgen. Inwieweit diese Anmeldung mit der nach § 7 vorgeschriebenen Anmeldung verbunden werden kann, bestimmt gleichfalls das Ministerium.

§ 25.

Die nach § 24 zu erhebende Gemeindeabgabe ist für die ganze Betriebsdauer im Voraus zu entrichten und beträgt für jede Woche der Dauer des Wanderlagerbetriebes an einer Verkaufsstätte

a) in Orten mit über	50000	Einwohnern	80 M
b) ″ ″ ″	10001 bis 50000	″	60 ″
c) ″ ″ ″	2001 ″ 10000	″	40 ″
d) ″ ″ ″	bis zu 2000	″	20 ″

Für Wanderlager mit Roherzeugnissen der Land- und Forstwirtschaft, gewöhnlichen Lebensmitteln, geringwertigen Haushaltungs- und Wirtschaftsbedürfnissen und anderen Gebrauchswaren von geringerem Werte tritt eine Ermäßigung dieser Sätze ein. Die Gemeinden des Betriebsortes sind berechtigt, für solche Wanderlager

in den unter a) bezeichneten Orten Abgaben bis zum Höchstbetrage von 20 M,
in den unter b) bezeichneten Orten Abgaben bis zum Höchstbetrage von 10 M,
in den unter c) bezeichneten Orten Abgaben bis zum Höchstbetrage von 5 M,
in den unter d) bezeichneten Orten Abgaben bis zum Höchstbetrage von 2 M,

zu erheben.

Eine Teilung der Abgabesätze für einen kürzeren, als einen Wochenbetrieb findet nicht statt. Die Woche wird vom Tage der Eröffnung des Betriebes bis zum Anfang des entsprechenden Tages der nächsten Kalenderwoche gerechnet. Eine Unterbrechung oder Beendigung des Betriebes vor Ablauf der Woche bleibt unberücksichtigt.

§ 26.

Die Veranlagung der für die Wanderlager zu erhebenden Gemeindeabgaben erfolgt durch den Vorstand der Gemeinde des Betriebsortes, die Erhebung derselben durch den Gemeinderechner nach den für die Gemeindeabgaben allgemein geltenden Vorschriften.

Die im § 16 bezeichneten Rechtsmittel gegen den Ansatz dieser Abgabe, sowie die Strafbestimmungen der §§ 17—21 finden auf die den Unternehmern von Wanderlagern obliegenden besonderen Verpflichtungen zum Zweck der Erhebung der vorbezeichneten Gemeindeabgabe gleichmäßige Anwendung. Das Strafverfahren richtet sich nach den Vorschriften des § 35 des Gesetzes, betreffend die Gewerbesteuer.

§ 27.

Durch die Verlegung des Wohnsitzes an den Betriebsort oder durch die polizeiliche Anmeldung des Betriebes als stehendes Gewerbe (§ 14 der Gewerbeordnung) wird der Inhaber eines Wanderlagers von der Entrichtung der Wandergewerbesteuer oder der Gemeindeabgabe nicht befreit, wenn die obwaltenden Umstände erkennen lassen, daß die Verlegung des Wohnsitzes beziehungsweise die polizeiliche Anmeldung zur Verdeckung des Wanderlagerbetriebes erfolgt ist.

§ 28.

Als Wanderlager gelten nicht

a) der Verkauf von Ausstellungsgegenständen auf öffentlichen, von der zuständigen Behörde genehmigten Ausstellungen;
b) der Verkauf von Waren in festen Verkaufsstätten während der Dauer der Kurzeit an Bade-, Brunnen- und ähnlichen Orten;
c) der Verkauf von gepfändeten Waren durch Pfändungsbeamte (Gerichtsvollzieher, Steuerboten).

Die Bestimmung in § 8 Absatz 5, bezüglich der Steuerbefreiung findet auf die für die Wanderlager zu erhebende Gemeindeabgabe gleichmäßige Anwendung.

§ 29.

Übergangs- und Schlußbestimmungen.

Sofern und solange die elsaß-lothringischen Staatsangehörigen in einem außerdeutschen Staate einer von der allgemeinen Steuergesetzgebung jenes Staates abweichenden Behandlung unterliegen und hierdurch mit verhältnismäßig höheren Steuern belastet werden, als die Angehörigen des betreffenden Staates, ist das Ministerium ermächtigt, auch gegen die in Elsaß-Lothringen steuerpflichtigen Angehörigen jenes Staates höhere Steuersätze zur Anwendung zu bringen.

§ 30.

Dieses Gesetz tritt mit dem 1. April 1897 in Kraft. Es können jedoch schon vor diesem Zeitpunkte nach den Bestimmungen dieses Gesetzes Anmeldungen stattfinden und Steuerscheine gelöst werden.

Die Ausführungsbestimmungen zu diesem Gesetze erläßt das Ministerium.

2. Gesetz,

betreffend

die Verwendung der Erträge der Kapitalsteuer und der Lohn- und Besoldungssteuer sowie die Erhebung der Bezirkszuschläge. Vom 13. Juli 1901.

(Gesetzbl. S. 80.)

---

§ 6.

Als Mindestsatz für die Wandergewerbesteuer (§ 8 des Gesetzes vom 8. Juni 1896, Gesetzbl. S. 44) wird der Betrag von 6 Mark jährlich festgesetzt. Bei besonders großen Betrieben kann ausnahmsweise über den im genannten Paragraphen vorgeschriebenen Jahressatz von 360 Mark hinausgegangen werden.

Gesetz,

über

die Bergwerksbesteuerung. Vom 14. Juli 1908.

(Gesetzbl. S. 73.)

---

§ 1.

Die Bergwerke unterliegen:

1. ohne Unterschied, ob ein Betrieb stattfindet oder nicht, einer Flächenabgabe von einer halben Mark für das Hektar verliehenen Feldes;
2. sofern ein Betrieb stattfindet, außerdem
   a) der Gewerbesteuer nach Maßgabe des Gesetzes vom 8. Juni 1896 (Gesetzbl. S. 31),
   b) einer Förderabgabe von drei Viertel vom Hundert des mittleren Verkaufswerts der gewonnenen Mineralien (§ 1 des Berggesetzes vom 16. Dezember 1873, Gesetzbl. S. 397). Hiervon sind die auf Steinsalz nebst den mit diesem auf derselben Lagerstätte vorkommenden Salzen und die auf Solquellen verliehenen Bergwerke ausgenommen.

§ 2.

Zu der Flächenabgabe (§ 1 Nr. 1) werden wie bei der Gewerbesteuer Bezirks- und Gemeindezuschläge sowie ein Zuschlag von fünf vom Hundert zur Deckung der Ausfälle erhoben.

Die Veranlagung der Förderabgabe (§ 1 Nr. 2b) erfolgt durch die für die Veranlagung der Gewerbesteuer zuständigen Bezirkskommissionen und unterliegt den für die Gewerbesteuer zulässigen Rechtsmitteln.

Betriebe, welche Steinsalz, Kalisalze oder Solquellen ausbeuten, unterliegen neben der Gewerbesteuer einer Zusatzsteuer in Höhe von eins vom Hundert der bei der Veranlagung zur Gewerbesteuer zugrunde gelegten gesamten Ertragsfähigkeit.

Die Erhebung der Bergwerksabgaben erfolgt nach den für die direkten Steuern maßgebenden Vorschriften.

§ 3.

Wird die Flächenabgabe (§ 1 Nr. 1 innerhalb zweier Jahre vom Tage der Fälligkeit nicht entrichtet, so kann die Oberbergbehörde die Entziehung des Bergwerkseigentums an einem nicht in Betrieb befindlichen Bergwerke und Grubenfelde durch einen Beschluß aussprechen. Der Beschluß ist nur zulässig, wenn die Bergwerkseigentümer durch die Steuerbehörde zweimal unter Androhung des Antrags auf Entziehung zur Zahlung aufgefordert worden sind.

Auf die Entziehung finden die Vorschriften der §§ 134—141 des Berggesetzes vom 16 Dezember 1873 (Gesetzbl. S. 397) und der §§ 83, 85 des Ausführungsgesetzes zum Bürgerlichen Gesetzbuch (Gesetzbl. 1900 S. 1) Anwendung. Die Klage auf Aufhebung des Beschlusses (§ 135 des Berggesetzes) kann jedoch nur damit begründet werden, daß die tatsächlichen Voraussetzungen zur Entziehung nicht vorliegen.

§ 4.

Der § 27 Nr. 4 des Stempelgesetzes (§ 2 des Gesetzes über die Besteuerung der Bergwerke vom 17. Mai 1906, Gesetzbl. S. 51) erhält folgende Fassung:

„4. Für die Verleihung des Bergwerkseigentums

„a) auf Steinkohlen oder Steinsalz nebst den mit „diesem auf derselben Lagerstätte vorkommen„den Salzen oder auf Bitumen . 8000 ℳ,

„b) auf sonstige Mineralien . . . . 1000 „

Der unter a) vorgesehene Stempel kommt hinsichtlich der Steinkohlen und des Steinsalzes nebst den mit ihm auf der nämlichen Lagerstätte vorkommenden Salzen nur in Höhe von 5000 M zur Erhebung, wenn die der Verleihung zugrunde liegende Mutung unter der Herrschaft des Gesetzes vom 22. Juni 1907, betreffend die Abänderung des Berggesetzes für Elsaß-Lothringen, vom 16. Dezember 1873 (Gesetzbl. S. 68) angenommen worden ist.

§ 5.

Aufgehoben sind die Gesetze, betreffend die Besteuerung der Bergwerke, vom 21. April 1810 (Bull. d. l. Sér. IV. N° 5401), 16. Dezember 1873 (Gesetzbl. S. 431), 2. November 1896 (Gesetzbl. S. 77) § 1 und 2a des Gesetzes vom 17. Mai 1906 (Gesetzbl. S. 51), sowie § 4 Nr. 3 des Gesetzes vom 8. Juni 1896, betreffend die Gewerbesteuer.

Gegenwärtiges Gesetz tritt mit Wirkung vom Tage nach der Verkündung mit folgenden Maßgaben in Kraft:

Der § 1 findet Anwendung auf die Veranlagung für das Steuerjahr 1909; für 1908 verbleibt es bei der bisherigen Besteuerung, jedoch unter gleichzeitiger Erhebung der Förderabgabe **oder** der Zusatzsteuer (§ 1 Nr. 2b und § 2 Abs. 3).

Der § 4 findet Anwendung auf alle Bergwerksverleihungen, welche nach dem 31. März 1908 erfolgt sind.

Das Ministerium erläßt die Ausführungsbestimmungen.

Gesetz,
betreffend
die Kapitalsteuer vom 13. Juli 1901.
(Gesetzbl. S. 55.)

§ 1.

Vom 1. April 1903 ab wird eine Kapitalsteuer nach Maßgabe der folgenden Bestimmungen erhoben.

§ 2.

Gegenstand der Besteuerung.

Der Kapitalsteuer unterliegt der Ertrag aus Kapital und Renten ohne Rücksicht darauf, ob die Bezüge aus Elsaß-Lothringen oder aus Bezugsquellen außerhalb Elsaß-Lothringens herrühren. Hierher gehören:

1. Zinsen oder sonstige Erträge aus verzinslich angelegtem Kapital jeder Art einschließlich kapitalisierter Zins- und anderer Ausstände insbesondere aus Schuldverschreibungen des Reiches und des Landes, sowie anderer deutschen und außerdeutschen Staaten, Gemeinden und anderer öffentlichen Verbände, aus Pfandbriefen, Hypothekenforderungen, ferner Erträge, die darin bestehen, daß bei unverzinslichen Kapitalforderungen (Zielforderungen, Wechseln, Schatzscheinen, Anlehnslosen und dergl.) ein höheres als das ursprünglich hingegebene Kapital zurückgewährt wird;
2. Dividenden, Zinsen oder sonstige Bezüge aus Anteilen an Aktiengesellschaften, Kommanditgesellschaften auf Aktien, Gesellschaften mit beschränkter Haftung, Berggewerkschaften;
3. Renten jeder Art, sowohl in Geld als in Naturalnutzungen.

§ 3.

Der Kapitalsteuer sind unterworfen: Steuerpflicht.

1. die Landes- oder sonstigen Reichsangehörigen, welche ihren Wohnsitz oder Aufenthalt im Sinne des Reichsgesetzes vom 13. Mai 1870, die Beseitigung der Doppelbesteuerung betreffend[1]), in Elsaß-Lothringen haben;

---

[1]) § 1. Ein Deutscher darf vorbehaltlich der Bestimmungen in den §§ 3 u. 4 zu den direkten Staatssteuern nur in demjenigen Bundesstaate herangezogen werden, in welchem er seinen Wohnsitz hat. Einen Wohnsitz im Sinne des Gesetzes hat ein Deutscher an dem Orte, an welchem er eine Wohnung unter Umständen inne hat, welche auf die dauernde Beibehaltung einer solchen schließen lassen.

§ 2. Ein Deutscher, welcher in keinem Bundesstaate einen Wohnsitz hat, darf nur in demjenigen Staate, in welchem er sich aufhält, zu den direkten Staatssteuern herangezogen werden. Hat ein Deutscher in seinem Heimatsstaate und außerdem in anderen Bundesstaaten einen Wohnsitz, so darf er nur in dem ersteren zu den direkten Staatssteuern herangezogen werden.

In Bundes- oder Staatsdiensten stehende Deutsche dürfen nur in demjenigen Bundesstaate besteuert werden, in welchem sie ihren dienstlichen Wohnsitz haben.

§ 3. Der Grundbesitz und der Betrieb eines Gewerbes, sowie das aus diesen Quellen herrührende Einkommen darf nur von demjenigen Bundesstaate besteuert werden, in welchem der Grundbesitz liegt oder das Gewerbe betrieben wird.

§ 4. Gehalt, Pension und Wartegeld, welche deutsche Civilbeamte und Militärpersonen sowie deren Hinterbliebene aus der Kasse eines Bundesstaates beziehen, sind nur in demjenigen Staate zu besteuern, welcher die Zahlung zu leisten hat.

§ 5. An den Wirkungen, welche der Wohnsitz oder Aufenthalt außerhalb des Bundesgebiets auf die Steuerpflichtigkeit eines Deutschen äußert, wird durch das gegenwärtige Gesetz nichts geändert.

2. Die Körperschaften, Handelsgesellschaften, Genossenschaften, Vereine, Stiftungen, Gesellschaften des bürgerlichen Rechts, welche in Elsaß-Lothringen einen Sitz haben, die Konkursmassen, die Nachlaß- und sonstigen Pflegschaften, soweit sich darunter zinstragende Kapitalien befinden;
3. die Ausländer, welche in Elsaß-Lothringen einen Wohnsitz haben oder sich daselbst des Erwerbs wegen oder seit länger als einem Jahr ununterbrochen oder seit drei Jahren mit Unterbrechungen aufhalten.

§ 4.

Von der Kapitalsteuer befreit sind:

1. das Reich, Elsaß-Lothringen und die ganz oder teilweise auf Kosten des Reiches oder des Landes unterhaltenen Anstalten;
2. die Reichsbank mit der Beschränkung, daß die Steuerbefreiung nicht auch die Befreiung von den Bezirks- und Gemeindezuschlägen (§ 35) zur Folge hat;
3. die Bezirke und Gemeinden;
4. die öffentlichen Unterrichtsanstalten;
5. die Kirchenfabriken, die protestantischen Pfarreien und Kirchenschaffneien sowie die israelitischen Konsistorien;
6. die auf Grund der Reichs- und Landesgesetze errichteten Kassen, Berufsgenossenschaften und Versicherungsanstalten zur Durchführung der gesetzlichen Kranken-, der Unfall- sowie der Invalidenversicherungen;
7. die öffentlichen Sparkassen und öffentlichen Vorschußkassen;
8. die öffentlichen Vieh- und Hagelversicherungsvereine und deren Verbände;
9. die Anstalten und Stiftungen für Krankenverpflegung und Armenunterstützung;
10. die Hülfsgenossenschaften auf Gegenseitigkeit.

§ 5.

Erträge aus Kapital und Renten, welche nach Abzug der Passivkapitalzinsen und Lasten (§ 6) die Summe von 100 *M* jährlich nicht übersteigen, bleiben bei der Besteuerung außer Betracht.

Ferner sind von der Besteuerung ausgeschlossen die Erträge aus Kapital und Renten

1. der Gewerbetreibenden aus den in ihrem Gewerbe angelegten und zu deren Betrieb erforderlichen Kapitalien oder zum Zwecke des gewerbsmäßigen Umsatzes erworbenen umlaufenden Wertpapieren und Wechseln;
2. der unter § 3 bezeichneten Steuerpflichtigen aus dem von ihnen verwalteten fremden Kapital, soweit diese Erträge an die Bezugsberechtigten verabfolgt und daher von diesen zu versteuern sind.

Renten, welche auf Hingabe von Grund- oder Gebäude-Eigentum beruhen, dessen Ertrag bereits durch die Grund- oder Gebäudesteuer betroffen ist, bleiben steuerfrei.

Außerdem kann das Ministerium Witwen, geschiedenen, verlassenen oder nach § 1575 des Bürgerlichen Gesetzbuches getrennt lebenden Ehefrauen, vaterlosen Minderjährigen sowie erwerbsbeschränkten Personen Befreiung von der Kapitalsteuer gewähren, sofern die steuerbaren Beträge nach Abzug der Passivkapitalzinsen und Lasten (§ 6), unter Hinzurechnung der Erträge aus sonstigen Erwerbsquellen, die Summe von 300 *M* jährlich nicht übersteigen.

§ 6.

Als steuerbarer Betrag gilt der Jahresertrag der Kapitalien und Renten nach dem Bestande zur Zeit der Veranlagung (§ 12), vorbehaltlich der nach § 14 zu berücksichtigenden Änderungen. Maßstab der Steuer.

An dem steuerbaren Betrag dürfen die von dem Steuerpflichtigen nachweislich zu zahlenden Passivkapitalzinsen, soweit dieselben sich auf Kapitalschulden beziehen, für welche eine Hypothek oder ein Faustpfand bestellt ist, sowie die dem steuerbaren Kapitalrentenbezuge durch besondere Titel oder sonstwie zweifellos nachweislich auferlegten privatrechtlichen Lasten in ihrem jährlichen Geldbetrag in Abzug gebracht werden. Sind die für eine Kapitalschuld zur Hypothek bestellten Grundstücke nicht in Elsaß-Lothringen gelegen, so sind die Zinsen dieser Schuld nicht abzugsfähig.

Lasten, welche den Charakter freiwilliger Zuwendungen haben oder auf allgemeinen gesetzlichen Verpflichtungen beruhen, sind vom Abzug ausgeschlossen.

Im Falle des Eintritts der Steuerpflicht im Laufe der Steuerperiode (§ 14), ist der Bestand bei Beginn der Steuerpflicht maßgebend.

§ 7.

Feststehende Erträge sind mit ihrem Jahresbetrage, unbestimmte oder schwankende Erträge nach dem Durchschnittsergebnisse der unmittelbar vorhergehenden Steuerperiode (§ 14), jedoch bei der nach diesem Gesetze stattfindenden erstmaligen Veranlagung nach dem Durchschnitt der beiden letzten Jahre zu berechnen. Wenn Bezüge der letztgenannten Art noch nicht so lange bestehen, so sind sie nach dem Durchschnitt des Zeitraums ihres Bestehens, nötigenfalls nach dem mutmaßlichen Jahresertrage in Ansatz zu bringen.

Die gleichen Grundsätze gelten für die Berechnung der abzugsfähigen Ausgaben (§ 6, Abs. 2).

Unsichere Forderungen, welche seit mehr als zwei Jahren offenkundig oder erweislich nicht haben vereinnahmt werden können, bleiben außer Ansatz.

Von den aus Bezugsquellen außerhalb Elsaß-Lothringens herrührenden steuerbaren Beträgen kommt die darauf lastende auswärtige Steuer in Abzug.

Für die Ausländer (§ 3, Ziffer 3), welche

a) einen Wohnsitz im Inlande und daneben einen solchen im Auslande haben,

b) sich nicht des Erwerbs wegen oder nicht ununterbrochen im Inlande aufhalten,

kommt die Steuer nur zu demjenigen Teile des Jahresbetrags der Kapital- und Rentenbezüge in Ansatz, der der mittleren Zeitdauer des Aufenthalts derselben während der letzten drei Jahre in Elsaß-Lothringen entspricht. Bei Berechnung der von den unter a bezeichneten Ausländern zu zahlenden Steuer wird für eine mittlere Aufenthaltsdauer bis zu 3 Monaten nur die Hälfte ihrer Kapital- und Rentenbezüge in dem der Aufenthaltsdauer entsprechenden Verhältnis zugrunde gelegt. Für eine weitere Aufenthaltsdauer ist der volle Betrag dieser Bezüge der Besteuerung unterworfen. Beträgt die mittlere Zeitdauer des Aufenthalts der unter b bezeichneten Ausländer nicht mehr als 3 Monate im Jahre, so bleibt die Steuer außer Ansatz.

§ 8.

Besteht ein Rentengenuß ganz oder teilweise aus Nutzungen oder Naturalien, so wird der Geldwert der Nutzungen durch Schätzung, der Geldwert der Naturalien nach mittleren Ortspreisen bestimmt. Von dem Wert der Naturalien dürfen die etwa damit verbundenen Bezugskosten in Abzug gebracht werden.

Von den unverzinslichen Anlehenslosen sind als Zins Drei ein Halb vom Hundert des ursprünglichen Nennwerts zu berechnen.

Bei unverzinslichen Forderungen, in welchen Zinsen mit einbegriffen sind, bei Zeitrenten und anderen Forderungen, bei welchen mit den Zinsen auch Kapitalteile entrichtet werden, sind ohne Rücksicht auf die Verfalltermine im Zweifelsfalle Drei ein Halb vom Hundert des Nennwerts der jeweils ausstehenden nicht getilgten Forderungen als steuerbarer Betrag anzusehen, insoweit dieser Betrag den durchschnittlich auf ein Jahr entfallenden Bezug nicht übersteigt.

§ 9.

Betrag der Steuer.

Die Steuer beträgt Drei ein Halb vom Hundert des nach Berücksichtigung der zulässigen Abzüge berechneten steuerbaren Betrags (§ 6) und wird nach Maßgabe des anliegenden Tarifs erhoben.[1])

§ 10.

Veranlagungsgrundsätze.

Die Veranlagung der Kapitalsteuer erfolgt in dem Gemeindebezirk, in welchem der Steuerpflichtige zur Zeit der Veranlagung seinen Wohnsitz oder in Ermangelung eines solchen seinen Aufenthalt hat. Im Falle eines mehrfachen Wohnsitzes in Elsaß-Lothringen erfolgt die Veranlagung in dem Gemeindebezirk, in welchem der Steuerpflichtige sich den größten Teil des Jahres aufhält, und es tritt demnächst eine Teilung des veranlagten Betrages nach Maßgabe der Aufenthaltsdauer in den einzelnen Gemeinden ein. Eine Aufenthaltsdauer unter drei Monaten im Jahre bleibt außer Betracht. In zweifelhaften Fällen bestimmt der Direktor der direkten Steuern, wo die Veranlagung zu geschehen hat.

§ 11.

Behufs der Steuerveranlagung sind dem Kapitalbezuge des Haushaltungsvorstandes die Kapitalbezüge der Angehörigen der Haushaltung zuzurechnen. Die so berechnete Steuer gilt als Gesamtschuld beider Ehegatten mit der Maßgabe, daß die Ehefrau bis zu dem Betrage haftet, den sie bei selbständiger Veranlagung für ihren eigenen Kapitalbezug zu entrichten hätte.

Selbständig zu veranlagen sind:

1. Ehefrauen, wenn sie dauernd von dem Ehemann getrennt leben,

---

[1]) S. 97.

2. Kinder und andere Angehörige der Haushaltung, wenn sie einen der Verfügung des Haushaltungsvorstandes nicht unterliegenden steuerpflichtigen Kapitalertrag beziehen.

§ 12.

Die Veranlagung der Kapitalsteuer erfolgt auf Grund einer von dem Steuerpflichtigen oder seinem gesetzlichen Vertreter innerhalb eines Monats nach ergangener Aufforderung für die kommende Steuerperiode (§ 14) schriftlich oder zu Protokoll bei der zuständigen Steuerbehörde auf Pflicht und Gewissen abzugebenden Erklärung über die ihn zutreffende Tarifstufe (§ 9). Steuererklärung.

Soweit ein Abzug von Passivkapitalzinsen oder Lasten (§ 6 Abs. 2) geltend gemacht wird, ist in der Erklärung die Bezeichnung des den Abzug bedingenden Rechtsgeschäftes, der Person des Gläubigers oder Rentenempfängers, sowie des auf den einzelnen Gläubiger oder Empfänger treffenden Zins- oder Rentenbetrags erforderlich.

§ 13.

Die Nichtabgabe der Erklärung (§ 12) innerhalb der vorgeschriebenen Frist ohne entschuldbare Gründe hat den Verlust der gesetzlichen Rechtsmittel (§§ 23, 24) gegen die Veranlagung für das nächste Steuerjahr zur Folge.

§ 14.

Die Veranlagung findet jedesmal für eine Steuerperiode von drei Jahren statt. Steuerperiode.

Zu- und Abgänge sowie Änderungen in der Veranlagung treten während der Steuerperiode nur ein, wenn

1. Personen durch Zuzug aus anderen deutschen Staaten oder dem Auslande steuerpflichtig werden, oder wenn Steuerpflichtige aus Elsaß-Lothringen wegziehen;
2. infolge von Erbschaft, Schenkung, Teilung, Heirat,

sowie Kauf oder Verkauf von Grundstücken oder Gewerben die Steuerpflicht neu begründet oder erlischt;

3. der steuerbare Betrag durch Erbschaft, Schenkung, Teilung, Heirat, Kauf oder Verkauf von Grundstücken oder Gewerben sowie durch Vermehrung oder Verminderung der in Abzug gebrachten Passivkapitalzinsen und Lasten (§ 6 Abs. 2) sich derart verändert hat, daß der Steuerpflichtige mindestens in die zweitnächst höhere oder niedere Tarifstufe (§ 9) einzureihen ist;
4. ein tatsächlicher Irrtum bei der Veranlagung vorgekommen ist.

Die Zu- und Abgänge sowie die Änderungen in der Veranlagung erfolgen mit Wirkung vom Beginne des nächsten Kalendervierteljahres ab.[1])

Personen, welche im Laufe der Steuerperiode steuerpflichtig werden (Ziffer 1 und 2) oder deren Steuerpflicht sich ändert (Ziffer 3), haben auf ergehende Aufforderung eine Steuererklärung nach Maßgabe des § 12 abzugeben. Andere als die oben (Abs. 2) bezeichneten Änderungen in dem Kapital- oder Rentenertrag oder sonstige, die Steuerpflicht berührende Vorgänge begründen keine Änderung in der Veranlagung für die Steuerperiode.

§ 15.

Organe und Bezirke der Veranlagung.

Die Veranlagung der Kapitalsteuer geschieht durch besondere Veranlagungskommissionen. Für jeden Steuerveranlagungsbezirk wird eine Kreiskommission und für jeden Verwaltungsbezirk eine Bezirkskommission gebildet. Die Veranlagung der Steuerpflichtigen mit Jahreserträgen bis 3000 Mark erfolgt durch die Kreiskommissionen, diejenige der Steuerpflichtigen mit höheren Jahreserträgen durch die Bezirkskommissionen. Soweit erforderlich, können auch für Teile von Kreisen besondere Kommissionen gebildet werden.

[1]) vgl. Gesetz vom 14. Juli 1905 S. 98.

§ 16.

Die Kreiskommission besteht

1. aus einem Vertreter der Steuerverwaltung als Vorsitzenden;
2. aus zwei von den zuständigen Bezirkstagen in geheimer Abstimmung zu wählenden Mitgliedern, für welche gleichzeitig Stellvertreter im Wege der Wahl bestimmt werden;
3. aus zwei von dem Kreistage, für die Städte Straßburg, Mülhausen, Metz und Colmar von dem Gemeinderat in geheimer Abstimmung zu wählenden Mitgliedern, für welche gleichzeitig Stellvertreter im Wege der Wahl bestimmt werden;
4. aus drei von dem Direktor der direkten Steuern zu ernennenden Mitgliedern.

Die unter 2, 3 und 4 bezeichneten Mitglieder sowie ihre Stellvertreter müssen zu einer direkten Steuer veranlagt sein.

Die Amtsdauer der unter Ziffer 2 bis 4 bezeichneten Mitglieder beträgt sechs Jahre mit der Maßgabe, daß nach den ersten drei Jahren von den unter Ziffer 2 und 3 genannten Mitgliedern je eines, und von den unter Ziffer 4 genannten Mitgliedern zwei, welche durch das Los zu bestimmen sind, ausscheiden.

Einzelnen Gemeinden kann von dem Ministerium das Recht beigelegt werden, noch ein weiteres Mitglied für die Dauer von drei Jahren durch den Gemeinderat wählen zu lassen.

Die Kommission faßt ihre Beschlüsse nach Stimmenmehrheit und ist beschlußfähig, wenn mindestens fünf Mitglieder, einschließlich des Vorsitzenden, anwesend sind.

§ 17.

Die Bezirkskommission besteht:

1. aus einem von dem Direktor der direkten Steuern

abzuordnenden höheren Beamten der Direktion als Vorsitzenden;

2. aus zwei von dem Landesausschuß in geheimer Abstimmung zu wählenden Mitgliedern, für welche gleichzeitig Stellvertreter im Wege der Wahl bestimmt werden;
3. aus zwei von dem zuständigen Bezirkstage in geheimer Abstimmung zu wählenden Mitgliedern, für welche gleichzeitig Stellvertreter im Wege der Wahl bestimmt werden;
4. aus drei von dem Direktor der direkten Steuern zu ernennenden Mitgliedern.

Die unter 2, 3 und 4 bezeichneten Mitglieder sowie ihre Stellvertreter müssen zu einer direkten Steuer veranlagt sein.

Die Amtsdauer der unter Ziffer 2 bis 4 bezeichneten Mitglieder beträgt sechs Jahre mit der Maßgabe, daß nach den ersten drei Jahren von den unter Ziffer 2 und 3 genannten Mitgliedern je eines, und von den unter Ziffer 4 genannten Mitgliedern zwei, welche durch das Los zu bestimmen sind, ausscheiden.

Einzelnen Gemeinden kann von dem Ministerium das Recht beigelegt werden, noch ein weiteres Mitglied für die Dauer von drei Jahren durch den Gemeinderat wählen zu lassen.

Die Kommission faßt ihre Beschlüsse nach Stimmenmehrheit und ist beschlußfähig, wenn mindestens fünf Mitglieder, einschließlich des Vorsitzenden, anwesend sind.

§ 18.

Das Amt der Mitglieder der Veranlagungskommission ist ein Ehrenamt.

Für die Dauer der Sitzungen erhalten die an denselben teilnehmenden Mitglieder Reisekosten und Tagegelder nach Maßgabe eines vom Ministerium zu erlassenden Regulativs.

Die Bestimmungen des § 21 des Gesetzes vom 6. Mai 1893[1]), betreffend die Gewerbesteuereinschätzung, finden auf die Pflichten der Mitglieder der Veranlagungskommission entsprechende Anwendung.

§ 19.

Verfahren der Veranlagung.

Die Vorsitzenden der Veranlagungskommissionen, welche zugleich die Interessen des Staates vertreten, haben die Veranlagungsgeschäfte vorzubereiten, die Verhandlungen der Kommissionen zu leiten und die Beschlüsse derselben auszuführen. Sie haben insbesondere die Aufforderung zur Abgabe der Steuererklärung (§§ 12, 14) zu erlassen, die eingegangenen Erklärungen einer Vorprüfung zu unterziehen und, soweit erforderlich, ergänzen zu lassen. Außerdem sind die Vorsitzenden der Bezirkskommissionen verpflichtet, innerhalb des Bezirks dieser Kommissionen die Veranlagungsgeschäfte zu beaufsichtigen. Zur Feststellung der steuerpflichtigen Personen ist die Gemeindebehörde verpflichtet, die erforderliche Auskunft zu erteilen. Für größere Gemeinden können zur Gewinnung der zur Veranlagung erforderlichen Unterlagen besondere Voreinschätzungskommissionen nach näherer Vorschrift des Ministeriums gebildet werden.

§ 20.

Die Veranlagungskommissionen haben auf Grund der Steuererklärungen (§ 12) die Steuerstufe für jeden Pflichtigen festzustellen. Sie sind berechtigt, eine Vervollständigung der Verhandlungen und Erklärungen zu veranlassen und, soweit die Angaben der Pflichtigen zu Zweifeln Anlaß geben, Auskunft und Äußerungen von ihnen zu verlangen. Der Pflichtige ist verbunden, diese zu erteilen.

Nach diesen Verhandlungen, sowie im Falle der Nichtabgabe einer Steuererklärung, hat die Kommission ohne weiteres die Steuerstufe zu bestimmen.

---

[1]) S. Seite 49.

§ 21.

Steuererhebung.

Auf Grund der Feststellungen der Veranlagungskommissionen hat der Direktor der direkten Steuern die Beträge der Kapitalsteuer dem Tarife (§ 9) entsprechend in Ansatz zu bringen und die Heberollen hiernach aufstellen zu lassen.

Die Heberollen sind von ihm für vollstreckbar zu erklären, und daß dies geschehen, ist bekannt zu geben.

Die Erhebung der Kapitalsteuer erfolgt nach den für die direkten Steuern maßgebenden Vorschriften.

Die Zahlung der veranlagten Steuer wird durch die Einlegung von Rechtsmitteln (§§ 23, 24) nicht aufgehalten, muß vielmehr mit Vorbehalt späterer Erstattung in den vorgeschriebenen Fristen erfolgen.

§ 22.

Veranlagungen während der Steuerperiode.

Die Veranlagung der Zu- und Abgänge sowie der Änderungen der Kapitalsteuer während der Steuerperiode in den Fällen der Ziffern 1—3 des § 14 erfolgt in vorläufiger Weise durch den Vorsitzenden der Veranlagungskommission und die Einziehung der Steuer durch Nachtragsrollen, welche nach Vorschrift des § 21 zu behandeln sind.

Bei dem nächsten Zusammentritt der Veranlagungskommission hat die endgültige Feststellung der für den Pflichtigen in Ansatz zu bringenden Steuer nach den hierüber geltenden Vorschriften und unbeschadet der gesetzlichen Rechtsmittel zu geschehen.

Diese Feststellung hat die Wirkung, daß der Steuerpflichtige zur Nachentrichtung der infolge der vorläufigen Veranlagung zu wenig gezahlten Steuer verbunden ist, und daß ein zuviel gezahlter Betrag erstattet wird.

§ 23.

Einspruch.

Gegen das Ergebnis der Veranlagung, welches dem Steuerpflichtigen mittelst Zuschrift, die zugleich die Belehrung über die zulässigen Rechtsmittel enthält, bekannt zu geben ist, steht sowohl dem Steuerpflichtigen als dem Vorsitzenden der Veranlagungskommission das Rechtsmittel des Einspruchs bei der Veranlagungskommission zu.

Dasselbe ist bei dem Direktor der direkten Steuern binnen einer Ausschlußfrist von drei Monaten einzulegen, welche von dem Tage der Bekanntgabe der Rolle (§ 21) ab läuft.

Soweit eine Teilung der veranlagten Kapitalerträge zwischen verschiedenen Gemeinden in Gemäßheit des § 10 erforderlich wird, ist diese von der zuständigen Veranlagungskommission zu bewirken. Das Ergebnis der Teilung ist sowohl den beteiligten Gemeinden als den Steuerpflichtigen mitzuteilen. Denselben steht das Recht des Einspruchs gegen diese Teilung bei dem Direktor der direkten Steuern binnen der gleichen Frist zu.

Der Einspruch des Steuerpflichtigen unterliegt dem Dimensionsstempel, sofern der Steueransatz 25 Mark übersteigt.

§ 24.

Berufung.

Gegen die Entscheidung der Veranlagungskommission über den Einspruch steht sowohl dem Steuerpflichtigen und im Falle des § 10 auch den beteiligten Gemeinden, als auch mit Genehmigung des Direktors der direkten Steuern dem Vorsitzenden der Veranlagungskommission binnen einer Ausschlußfrist von einem Monat das Rechtsmittel der Berufung an die Berufungskommission zu. Die Berufung ist von dem Steuerpflichtigen bei dem Direktor der direkten Steuern einzulegen und unterliegt dem Dimensionsstempel, sofern der Steueransatz 25 Mark übersteigt. Die Frist zur Einlegung der Berufung läuft für den Vorsitzenden vom Tage der Entscheidung und für den Steuerpflichtigen vom Tage der Bekanntgabe derselben ab.

Die Berufungskommission besteht aus sieben Mitgliedern, einschließlich des Vorsitzenden, und ist beschlußfähig, wenn mindestens fünf Mitglieder, einschließlich des Vorsitzenden, anwesend sind.

Drei Mitglieder werden vom Landesausschuß gewählt, die übrigen sowie der Vorsitzende vom Statthalter ernannt. Die Amtsdauer der Mitglieder beträgt sechs Jahre.

Die Berufungskommission ist befugt, die weiter erforderlichen Feststellungen vorzunehmen und zu diesem Zwecke von den der Veranlagungskommission zustehenden Mitteln (§ 20) Gebrauch zu machen.

Das Nähere über den Geschäftsgang und die Bezüge der Mitglieder bestimmt der Statthalter. Auf die Pflichten der Mitglieder der Berufungskommission finden die Bestimmungen des § 21 des Gesetzes vom 6. Mai 1893, betreffend die Gewerbesteuer-Einschätzung[1]), entsprechende Anwendung.

§ 25.

Steuererlasse.

Treten während der Steuerperiode Umstände ein, durch welche ein gänzlicher oder erheblicher Verlust des Kapitalvermögens herbeigeführt wird, so kann ein gänzlicher oder teilweiser Erlaß der Steuer gewährt werden. Ebenso können veranlagte Steuerbeträge in einzelnen Fällen niedergeschlagen werden, wenn deren zwangsweise Beitreibung die Steuerpflichtigen in ihrer wirtschaftlichen Existenz gefährden, oder wenn das Beitreibungsverfahren voraussichtlich ohne Erfolg sein würde.

Zur Entscheidung ist der Direktor der direkten Steuern und auf Beschwerde das Ministerium zuständig.

§ 26.

Nachzahlung der Steuer.

Ist die Abgabe der Steuererklärung unterblieben oder auf Grund unrichtiger oder unvollständiger Angaben in

---

[1]) (s. Anmerkung zu § 20 des Gewerbesteuergesetzes, S. 49.)

der Steuererklärung (§§ 12, 14, Abs. 4) die Veranlagung unterlassen worden oder in einer niedrigeren Stufe erfolgt, als solche bei richtiger und vollständiger Erklärung hätte zur Anwendung kommen müssen, so hat unabhängig von der Bestrafung (§ 28) eine Nachzahlung der zu wenig entrichteten Steuer zu erfolgen.

Die Verbindlichkeit zur Nachzahlung der Steuer verjährt in sechs Jahren und geht auf die Erben, jedoch für diese mit einer Verjährungsfrist von drei Jahren, und nur bis zur Höhe ihres Erbanteils, über. Die Verjährungsfrist beginnt mit Ablauf des Steuerjahres, in welchem die Erklärung abzugeben war oder die unrichtige Erklärung abgegeben wurde.

Die Feststellung der nachzuentrichtenden Steuerbeträge erfolgt durch den Direktor der direkten Steuern; gegen dieselbe ist die Beschwerde an das Ministerium zulässig.

§ 27.

Strafbestimmungen.

Wer ohne entschuldbare Gründe die Steuererklärung nicht rechtzeitig abgibt oder die verlangte Auskunft nicht rechtzeitig erteilt, wird mit Geldstrafe bis zwanzig Mark bestraft.

§ 28.

Wer durch wissentlich unrichtige oder unvollständige Angaben die Einreihung in eine niedrigere Steuerstufe veranlaßt oder durch Verschweigung von steuerbaren Beträgen, zu deren Erklärung er nach den Vorschriften dieses Gesetzes verpflichtet ist, die Unterlassung der Steuerveranlagung herbeiführt, unterliegt einer Geldstrafe im zwei- bis vierfachen, und im Rückfall binnen der letzten sechs Jahre bis zum sechsfachen Betrage der hinterzogenen Jahressteuer.

An Stelle dieser Strafe tritt eine Geldstrafe bis fünfzig Mark, wenn nachgewiesen oder aus den Umständen zu entnehmen ist, daß die unrichtige oder unvollständige Angabe nicht in der Absicht der Steuerhinterziehung erfolgt ist. Die gleiche Strafe kommt in Anwendung, wenn die Steuererklärung oder die verlangte Auskunftserteilung unterlassen worden ist.

§ 29.

Die auf Grund der §§ 27, 28 festgesetzten, aber nicht beizutreibenden Geldstrafen sind nach Maßgabe der für Übertretungen geltenden Bestimmungen der §§ 28, 29 des Strafgesetzbuches in Haft umzuwandeln.

§ 30.

In Betreff der in den §§ 27, 28 bezeichneten strafbaren Handlungen findet vorläufige Festsetzung der Geldstrafe durch den Direktor der direkten Steuern statt.

Die Untersuchung und Entscheidung steht dem Gericht zu, wenn der Beschuldigte nicht die vorläufig festgesetzte Geldstrafe nebst den durch das Verfahren gegen ihn entstandenen Kosten binnen einer ihm bekannt gemachten Frist freiwillig zahlt.

Das Einschreiten des Gerichts erfolgt, ohne daß die Strafe durch den Direktor der direkten Steuern vorläufig festgesetzt ist, wenn dieser von der vorläufigen Festsetzung Abstand zu nehmen erklärt oder der Beschuldigte darauf verzichtet.

Wird die unterbliebene oder unrichtige oder unvollständige Angabe nachgeholt oder berichtigt, bevor ein strafrechtliches Einschreiten nach Maßgabe der vorstehenden Bestimmungen erfolgt ist, so tritt eine Bestrafung nicht ein.

Die Entscheidung wegen der hinterzogenen Steuer verbleibt in allen Fällen den vorbezeichneten Verwaltungsbehörden.

§ 31.

Die Strafverfolgung verjährt

1. im Falle des § 27 nach drei Monaten vom Ablauf der gesetzten Frist ab;

2. im Falle des § 28 nach fünf Jahren, gerechnet vom Ablauf des Steuerjahres, in welchem die unrichtige oder unvollständige Erklärung erfolgt ist oder die unterlassene Erklärung oder die verlangte Auskunft zu erteilen war.

§ 32.

Die bei der Steuerveranlagung beteiligten Beamten, sowie die Mitglieder der Veranlagungskommissionen und der Berufungskommission werden, wenn sie die Veranlagungsverhandlungen sowie die aus Anlaß derselben zu ihrer Kenntnis gelangten Tatsachen bezüglich der Verhältnisse der Steuerpflichtigen unbefugt offenbaren (§ 18, Abs. 3, § 24, Abs. 5), mit Geldstrafe von dreißig bis zu zweitausend Mark bestraft unbeschadet der zivilrechtlichen Haftbarkeit.

Die Strafverfolgung tritt nur auf Antrag des Ministeriums ein.

Die Verurteilung hat den Verlust des Veranlagungsamts und die Unfähigkeit zur Bekleidung eines solchen Amts zur Folge.

§ 33.

Die Kosten der Steuerveranlagung und Erhebung fallen der Landeskasse zur Last. Jedoch können die durch die Untersuchung unbegründeter Berufungen (§ 24) entstandenen Kosten durch Beschluß der Berufungskommission ganz oder teilweise den Berufenden auferlegt werden. Kosten.

§ 34.

Zur Deckung der Ausfälle an dem in den Rollen zum Ansatz gebrachten Steuersoll in Folge von Entbürdungen (Freistellungen, Minderungen, Erlassen und dergleichen), sowie zur Deckung der Druckkosten wird ein Zuschlag von Zwei vom Hundert des Steueransatzes zu Gunsten der Landeskasse erhoben. Zuschläge.

§ 35.

Die Kapitalsteuer unterliegt den Bezirkszuschlägen nach Vorschrift des § 8 des Verwendungsgesetzes[1]) und den Gemeindezuschlägen nach den für die übrigen direkten Steuern geltenden Bestimmungen.

§ 36.

Leitung der Veranlagung

Die Leitung des Veranlagungsgeschäfts steht dem Direktor der direkten Steuern zu. Derselbe entscheidet über Beschwerden gegen das Verfahren der Veranlagungsbeamten und Veranlagungskommissionen, sowie der Vorsitzende derselben; die Entscheidung in weiterer Instanz steht dem Ministerium zu. Die letztere ist endgültig.

§ 37.

Schlußbestimmungen.

Dieses Gesetz kommt zunächst bei der Veranlagung für das Jahr 1903 zur Anwendung und tritt im übrigen nur gleichzeitig mit dem Gesetze, betreffend die Verwendung der Erträge der Kapitalsteuer und der Lohn- und Besoldungssteuer, in Kraft. Die Frist zur Abgabe der Steuererklärung (§ 12) ist für diese erste Veranlagung auf mindestens sechs Wochen bemessen. Denjenigen Steuerpflichtigen, welche nach Ablauf dieser Frist eine Erklärung nicht abgegeben haben, ist für diese erste Veranlagung eine zweite Erklärungsaufforderung mit einer Frist von zehn Tagen zuzustellen. Die Wirkungen der §§ 13, 26 treten erst in Kraft, wenn auch diese zweite Aufforderung erfolglos geblieben ist. Die Ausführungsbestimmungen erläßt das Ministerium.

---

[1]) Der § 8 (S. 60) lautet:
Die Bezirkszuschläge sind zu einem für alle direkten Steuern, einschließlich der Bergwerkssteuern, gleichen Satze zu erheben.

Tarif
zur Berechnung der Kapitalsteuer.
(Steuer 3½ vom Hundert).

Stufe	Ertrag Mark	Mittelbetrag des Ertrag Mark	Der Steuer 3½ vom Hundert unterliegen vom Mittelbetrag des Ertrags. Prozent
1	2	3	4
1	100— 200	150	40
2	200— 400	300	"
3	400— 600	500	50
4	600— 800	700	"
5	800— 1 000	900	60
6	1 000— 1 300	1 150	"
7	1 300— 1 600	1 450	70
8	1 600— 2 000	1 800	"
9	2 000— 2 500	2 250	80
10	2 500— 3 000	2 750	"
11	3 000— 3 500	3 250	90
12	3 500— 4 000	3 750	"
13	4 000— 5 000	4 500	100
14	5 000— 6 000	5 500	"
15	6 000— 7 000	6 500	"
16	7 000— 8 000	7 500	"
17	8 000—10 000	9 000	"
18	10 000—12 000	11 000	"
19	12 000—15 000	13 500	"
20	15 000—20 000	17 500	"
21	20 000—25 000	22 500	"
22	25 000—30 000	27 500	"
23	30 000—35 000	32 500	"
24	35 000—40 000	37 500	"
25	40 000—45 000	42 500	"
26	45 000—50 000	47 500	"
	Jede weitere Stufe steigt um 5000 ℳ		

Gesetz,

betreffend

die Zu- und Abgänge bei der Kapitalsteuer und der Lohn- und Besoldungssteuer. Vom 14. Juli 1905.

(Gesetzbl. S. 57.)

Das Ministerium wird ermächtigt, bezüglich des Beginns und des Erlöschens der Steuerpflicht solcher Personen, welche aus einem anderen deutschen Staate zuziehen oder nach einem anderen deutschen Staate wegziehen, von den Vorschriften im § 14, Abs. 3 des Gesetzes, betr. die Kapitalsteuer, vom 13. Juli 1901 und im § 12, Abs. 2, Satz 2 des Gesetzes, betr. die Lohn- und Besoldungssteuer, vom 13. Juli 1901 (Gesetzbl. S. 55 u. 69) abweichende Bestimmungen zu treffen, durch welche unter Wahrung der Gegenseitigkeit der Beginn oder das Erlöschen der Steuerpflicht mit den entsprechenden Vorschriften des anderen Staates in Übereinstimmung gebracht wird.

Gesetz,

betreffend

die Lohn- und Besoldungssteuer. Vom 13. Juli 1901.

(Gesetzbl. S. 69.)

---

§ 1.

Vom 1. April 1903 ab wird eine Lohn- und Besoldungssteuer nach Maßgabe der folgenden Bestimmungen erhoben.

§ 2.

Der Lohn- und Besoldungssteuer unterliegen die Bezüge aus einem öffentlichen oder privaten Dienstverhältnisse, aus einem wissenschaftlichen oder künstlerischen Berufe, aus schriftstellerischer, unterrichtender, erziehender oder irgend einer anderen ertragbringenden Tätigkeit, sowie aus Rechten auf periodische Hebungen und Vorteile irgend welcher Art, soweit die Bezüge nicht bereits durch eine der bestehenden Steuern getroffen und nicht nur vorübergehend oder nebensächlich sind. Gegenstand der Besteuerung.

Hierher gehören insbesondere auch die Pensionen und Wartegelder sowie alle anderen ähnlichen, aus einem öffentlichen oder Privatverhältnisse herrührenden Bezüge, welche als Entgelt für frühere Arbeit, Dienstleistung oder Berufstätigkeit bewilligt worden sind und auf gesetzlicher Grundlage oder klagbarem Rechtstitel beruhen.

§ 3.

Der Lohn- und Besoldungssteuer sind unterworfen: Steuerpflicht.

1. die Landes- und sonstigen Reichsangehörigen, welche ihren Wohnsitz oder Aufenthalt im Sinne

des Reichsgesetzes vom 13. Mai 1870, die Beseitigung der Doppelsteuern betreffend,[1]) in Elsaß-Lothringen haben;

2. die Ausländer, welche in Elsaß-Lothringen einen Wohnsitz haben oder sich daselbst des Erwerbs wegen, oder seit länger als einem Jahr ununterbrochen oder seit drei Jahren mit Unterbrechungen aufhalten;
3. diejenigen Personen, welche aus der Landeskasse Besoldung, Pension oder Wartegeld beziehen, ohne Rücksicht auf ihren Wohnsitz oder Aufenthalt.

§ 4.

Von der Lohn- und Besoldungssteuer ausgeschlossen sind:

1. die Bezüge aus Lohn und Besoldung, welche, mit den Erträgen aus sonstigen Erwerbsquellen zusammen, den Betrag von 700 *M* jährlich nicht übersteigen;
2. der Lohn der Dienstboten, sofern ihnen auch Wohnung und Beköstigung von dem Dienstherrn gewährt wird;
3. die auf Grund der Reichs- und Landesgesetze bewilligten Krankengelder, Invaliden-, Alters- und Unfallrenten;
4. die Kranken- und Armenunterstützungen;
5. die Erziehungsbeihülfen, sowie Unterstützungen für Unterrichts-, wissenschaftliche, künstlerische oder industrielle Zwecke;
6. die Gnadenbezüge, die auf Grund gesetzlicher Vorschrift den Militär-Invaliden gewährten Pensionserhöhungen, Verstümmelungszulagen und Unterstützungen, sowie die mit Kriegsdekorationen verbundenen Ehrensolde;

---

[1]) (vgl. Anmerkung zu § 3 des Kapitalsteuergesetzes, Seite 79.)

7. das Militäreinkommen der Personen des Unteroffizier- und Gemeinenstandes, sowie während der Zugehörigkeit zu einem in der Kriegsformation befindlichen Teile des Heeres oder der Marine das Militäreinkommen aller Angehörigen des aktiven Heeres und der aktiven Marine (§ 46 des Reichs-Militärgesetzes vom 2. Mai 1874);[1])
8. das Einkommen aus Besoldungen, Pensionen und Wartegeldern, welche deutsche Zivilbeamte und Militärpersonen, sowie deren Hinterbliebene aus der Kasse eines anderen Bundesstaates beziehen (§ 4 des Reichsgesetzes vom 13. Mai 1870); [2])
9. die Besoldungen der Landesbeamten, welche außerhalb des Reichsgebiets zu wohnen und von ihrem Diensteinkommen dort Steuer zu zahlen verpflichtet sind;
10. der Ertrag aus Pachtungen landwirtschaftlicher Grundstücke.

§ 5.

Als steuerbarer Betrag gilt der Jahresbetrag der im § 2 bezeichneten Bezüge einschließlich der nicht bereits

[1]) § 46 lautet:

Die Verpflichtung der Militärpersonen zur Entrichtung der Staatssteuern regelt sich nach den Landesgesetzen unter Berücksichtigung des Gesetzes wegen Beseitigung der Doppelbesteuerung vom 13. Mai 1870 (Gesetzblatt des Norddeutschen Bundes S. 119). Jedoch ist das Militäreinkommen der Personen des Unteroffizier- und Gemeinenstandes, sowie für den Fall einer Mobilmachung das Militäreinkommen aller Angehörigen des aktiven Heeres bei der Veranlagung bezw. Erhebung von Staatssteuern außer Betracht zu lassen. Die Feststellung eines angemessenen Nachlasses für die Unteroffiziere und Gemeinen des Beurlaubtenstandes und deren Familien für die Monate, in welchen jene sich im aktiven Dienste befinden, bleibt der Landesgesetzgebung überlassen.

[2]) (s. Anmerkung zu § 3 des Kapitalsteuergesetzes, Seite 79.)

besteuerten Naturalbezüge nach dem Bestand zur Zeit der Veranlagung (§ 10) vorbehaltlich der nach § 12 zu berücksichtigenden Änderungen.

Bei unständigen Bezügen bildet den steuerbaren Betrag der Durchschnitt der letzten drei Jahre, und wenn diese Einnahmen noch nicht so lange bestehen, der unter Zugrundelegung des kürzeren Zeitraums berechnete mutmaßliche Jahresbezug.

Bei Berechnung des Jahresbezugs können die zu dessen Erwerb nötigen Auslagen in Abzug gebracht werden.

§ 6.

Betrag der Steuer.

(s. S. 114.)

Die Steuer beträgt 1,90 vom Hundert des nach Abzug der zulässigen Auslagen berechneten steuerbaren Betrags (§ 5) und wird nach Maßgabe des anliegenden Tarifes erhoben.

§ 7.

Veranlagungsgrundsätze.

Die Veranlagung der Lohn- und Besoldungssteuer erfolgt in dem Gemeindebezirk, in welchem der steuerpflichtige zur Zeit der Veranlagung seinen Wohnsitz oder in Ermangelung eines solchen seinen Aufenthalt hat. Im Falle eines mehrfachen Wohnsitzes in Elsaß-Lothringen erfolgt die Veranlagung in dem Gemeindebezirk, in welchem der Steuerpflichtige sich den größten Teil des Jahres aufhält und tritt demnächst eine Teilung des veranlagten Betrages nach Maßgabe der Aufenthaltsdauer in den einzelnen Gemeinden ein. Eine Aufenthaltsdauer unter drei Monaten im Jahre bleibt außer Betracht. In zweifelhaften Fällen bestimmt der Direktor der direkten Steuern, wo die Veranlagung zu geschehen hat.

§ 8.

Behufs der Steuerveranlagung sind den Einnahmen des Haushaltungsvorstandes aus Lohn und Besoldung die betreffenden Bezüge der Angehörigen der Haushaltung zuzurechnen. Die Hinzurechnung des aus eigener Erwerbstätigkeit fließenden Einkommens der Haushaltungsangehörigen findet jedoch nur statt, wenn dieses den Betrag von 500 ℳ im Einzelnen jährlich übersteigt. Die so berechnete Steuer gilt als Gesamtschuld beider Ehegatten mit der Maßgabe, daß die Ehefrau bis zu dem Betrage haftet, den sie bei selbstständiger Veranlagung für ihren eigenen Lohn- und Besoldungsbezug zu entrichten hätte.

Selbstständig zu veranlagen sind:

1. Ehefrauen, wenn sie dauernd von dem Ehemanne getrennt leben;
2. Kinder und andere Angehörige der Haushaltung, wenn sie ein der Verfügung des Haushaltungsvorstandes nicht unterliegendes Einkommen aus eignem Erwerbe beziehen.

Auf die unter § 3 Ziffer 3 aufgeführten nicht in Elsaß-Lothringen wohnenden Steuerpflichtigen finden vorstehende Bestimmungen keine Anwendung.

§ 9.

Für Steuerpflichtige, deren steuerbarer Betrag (§ 5) mit den Erträgen aus sonstigen Erwerbsquellen zusammen die Höhe von 3000 ℳ nicht übersteigt, kann mit Rücksicht auf besondere, die Leistungsfähigkeit wesentlich beeinträchtigende Verhältnisse eine niedrigere Steuerstufe in Ansatz kommen.

Als Verhältnisse dieser Art kommen insbesondere in Betracht: außergewöhnliche Belastung durch Unterhalt und Erziehung der Kinder, Verpflichtung zum Unterhalt mittelloser Angehöriger, andauernde Krankheit, Verschuldung und besondere Unglücksfälle.

§ 10.

Die Veranlagung der Lohn- und Besoldungssteuer erfolgt hinsichtlich der Steuerpflichtigen mit Bezügen über 2000 ℳ jährlich auf Grund einer von dem Steuer- Steuererklärung.

pflichtigen oder seinem gesetzlichen Vertreter innerhalb eines Monats nach ergangener Aufforderung für die kommende Steuerperiode (§ 12) schriftlich oder zu Protokoll bei der zuständigen Steuerbehörde oder dem Bürgermeister der Gemeinde auf Pflicht und Gewissen abzugebenden Erklärung über die für ihn zutreffende Tarifstufe (§ 6).

Die für ein Steuerjahr (§ 12) abgegebene Erklärung gilt auch für die folgenden Steuerjahre. Einer neuen Erklärung bedarf es erst dann, wenn in den Bezügen des Steuerpflichtigen eine derartige nachhaltige Änderung eingetreten ist, daß hierdurch eine Änderung der Tarifstufe bedingt wird.

Für die Steuerpflichtigen mit Bezügen bis 2000 ℳ jährlich erfolgt die Veranlagung der Lohn- und Besoldungssteuer auf Grund einer von der Gemeindebehörde aufzustellenden Personalnachweisung unter Anwendung von zu ermittelnden Durchschnittslohnsätzen. Die den Gemeinden dadurch entstehenden baren Auslagen werden denselben aus der Landeskasse vergütet.

Für die im öffentlichen Dienste stehenden Steuerpflichtigen wird die Erklärung ersetzt durch eine von der Behörde vorzulegende Nachweisung über die der Lohn- und Besoldungssteuer unterliegenden Bezüge der ihrer Verwaltung angehörenden Beamten und Bediensteten aus öffentlichen Kassen. Die Nebenbezüge dieser Steuerpflichtigen aus nicht öffentlichen Kassen unterliegen der Erklärungspflicht.

§ 11.

Die Nichtabgabe der Erklärung (§ 10) innerhalb der vorgeschriebenen Frist ohne entschuldbare Gründe hat den Verlust der gesetzlichen Rechtsmittel (§§ 18, 19) gegen die Veranlagnng für die betreffende Steuerperiode (§ 12) zur Folge.

§ 12.

Steuerperiode.

Die Veranlagung findet für je ein Steuerjahr statt. Ausnahmsweise kann für die nur während eines Teiles des Jahres in Elsaß-Lothringen des Erwerbs wegen sich aufhaltenden Ausländer eine Veranlagung für kürzere Dauer nach näherer Bestimmung des Ministeriums erfolgen. In diesem Falle sind die Arbeitgeber unter eigener Haftbarkeit verpflichtet, die von ihren ausländischen Arbeitern aus diesem Arbeitsverhältnisse zu entrichtende Lohn- und Besoldungssteuer einzuziehen und an die zuständige Steuerkasse abzuliefern.[1])

Zu- und Abgänge sowie Änderungen in der Veranlagung während des Steuerjahres treten nur ein, wenn Steuerpflichtige aus anderen deutschen Staaten oder dem Auslande zuziehen oder solche aus Elsaß-Lothringen wegziehen, sowie bei tatsächlichen Irrtümern in der Veranlagung. Die Änderungen erfolgen mit Wirkung von Beginn des nächsten Kalendervierteljahres ab.[2])

Personen, welche im Laufe des Steuerjahres steuerpflichtig werden, haben auf ergehende Aufforderung eine Steuererklärung nach Maßgabe des § 10 abzugeben.

§ 13.

Organe und Bezirke der Veranlagung.

Die Veranlagung der Lohn- und Besoldungssteuer geschieht durch die für die Veranlagung der Kapitalsteuer eingesetzten Kommissionen (§§ 15—17 des Kapitalsteuergesetzes) mit der Maßgabe, daß für die Steuerpflichtigen mit Bezügen bis 3000 ℳ jährlich die Kreiskommissionen und für jene mit höheren Bezügen die Bezirkskommissionen zuständig sind.

§ 14.

Verfahren der Veranlagung.

Die Vorsitzenden der Veranlagungskommissionen, welche zugleich die Interessen des Staates vertreten, haben die

---

[1]) Zusatz-Gesetz vom 24. Juli 1907, Gesetzbl. S. 94.
[2]) vgl. Gesetz vom 14. Juli 1905 (S. 98).

Veranlagungsgeschäfte vorzubereiten, die Verhandlungen der Kommissionen zu leiten und die Beschlüsse derselben auszuführen. Sie haben insbesondere die Aufforderung zur Abgabe der Erklärung (§§ 10, 12) zu erlassen, die eingegangenen Erklärungen einer Vorprüfung zu unterziehen und, soweit erforderlich, ergänzen zu lassen. Außerdem sind die Vorsitzenden der Bezirkskommissionen verpflichtet, innerhalb des Bezirks dieser Kommissionen die Veranlagungsgeschäfte zu beaufsichtigen. Zur Feststellung der steuerpflichtigen Personen ist die Gemeindebehörde verpflichtet, die erforderliche Auskunft zu erteilen.

Für größere Gemeinden können zur Gewinnung der zur Veranlagung erforderlichen Unterlagen besondere Voreinschätzungskommissionen nach näherer Vorschrift des Ministeriums gebildet werden.

§ 15.

Die Veranlagungskommissionen haben auf Grund der Erklärungen, der von den öffentlichen Behörden gelieferten Nachweisungen (§ 10) sowie der sonstigen für die Veranlagung zu benutzenden Unterlagen die Tarifstufe für jeden Pflichtigen festzustellen. Sind sie berechtigt, eine Vervollständigung der Erklärungen und Nachweisungen zu veranlassen und, soweit die Angaben der Pflichtigen zu Zweifeln Anlaß geben, Auskunft und Äußerung von ihnen zu verlangen. Der Pflichtige ist verbunden, diese zu erteilen.

Nach diesen Verhandlungen sowie im Falle der Nichtabgabe einer Steuererklärung hat die Kommission ohne weiteres die Steuerstufe zu bestimmen.

§ 16.

Steuererhebung. Auf Grund der Feststellungen der Veranlagungskommissionen hat der Direktor der direkten Steuern die Beträge der Lohn- und Besoldungssteuer dem Tarife (§ 6) entsprechend zum Ansatz zu bringen und die Heberollen hiernach aufstellen zu lassen.

Die Heberollen sind von ihm für vollstreckbar zu erklären, und daß dies geschehen, ist bekannt zu geben.

Die Erhebung der Lohn- und Besoldungssteuer erfolgt nach den für die direkten Steuern maßgebenden Vorschriften.

Die Zahlung der veranlagten Steuer wird durch die Einlegung von Rechtsmitteln nicht aufgehalten, muß vielmehr mit Vorbehalt späterer Erstattung in den vorgeschriebenen Fristen erfolgen.

§ 17.

Die Veranlagung der Zu- und Abgänge sowie der Änderungen der Lohn- und Besolduugssteuer während des Steuerjahres (§ 12) erfolgt in vorläufiger Weise durch den Vorsitzenden der Veranlagungskommission und die Einziehung der Steuer durch Nachtragsrollen, welche nach Vorschrift des § 15 zu behandeln sind. Veranlagungen während des Steuerjahrs.

Bei dem nächsten Zusammentritt der Veranlagungskommission hat die endgültige Feststellung der für die Pflichtigen in Ansatz zu bringenden Steuer nach den hierüber geltenden Vorschriften und unbeschadet der gesetzlichen Rechtsmittel zu geschehen.

Diese Feststellung hat die Wirkung, daß der Steuerpflichtige zur Nachentrichtung der infolge der vorläufigen Veranlagung zu wenig gezahlten Steuer verbunden ist und daß ein zuviel gezahlter Betrag erstattet wird.

§ 18.

Gegen das Ergebnis der Veranlagung, welches dem Steuerpflichtigen mittelst Zuschrift, die zugleich die Belehrung über die zulässigen Rechtsmittel enthält, bekannt zu geben ist, steht sowohl dem Steuerpflichtigen als dem Vorsitzenden der Veranlagungkommission das Rechtsmittel des Einspruchs bei der Veranlagungskommission zu. Einspruch.

Dasselbe ist bei dem Direktor der direkten Steuern binnen einer Ausschlußfrist von drei Monaten einzulegen, welche von dem Tage der Bekanntgabe der Rolle (§ 16) ab läuft.

Soweit eine Teilung der veranlagten Beträge zwischen verschiedenen Gemeinden in Gemäßheit des § 7 erforderlich wird, ist diese von der zuständigen Veranlagungskommission zu bewirken. Das Ergebnis der Teilung ist sowohl den beteiligten Gemeinden als den Steuerpflichtigen mitzuteilen. Denselben steht das Recht des Einspruchs gegen diese Teilung bei dem Direktor der direkten Steuern binnen der gleichen Frist zu.

Der Einspruch des Steuerpflichtigen unterliegt dem Dimensionsstempel, sofern der Steueransatz 25 ℳ übersteigt.

§ 19.

Berufung.

Gegen die Entscheidung der Veranlagungskommission über den Einspruch steht sowohl dem Steuerpflichtigen, und im Falle des § 7 auch den beteiligten Gemeinden, als auch mit Genehmigung des Direktors der direkten Steuern dem Vorsitzenden der Veranlagungskommission binnen einer Ausschlußfrist von einem Monat das Rechtsmittel der Berufung an die Berufungskommission zu. Die Berufung ist von dem Steuerpflichtigen bei dem Direktor der direkten Steuern einzulegen und unterliegt dem Dimensionsstempel, sofern der Steueransatz 25 ℳ übersteigt. Die Frist zur Einlegung der Berufung läuft für den Vorsitzenden vom Tage der Entscheidung und für den Steuerpflichtigen vom Tage der Bekanntgabe derselben ab.

Die Befugnisse der Berufungskommission werden von der für die Kapitalsteuer eingesetzten Berufungskommission (§ 24 des Kapitalsteuer-Gesetzes) wahrgenommen. Sie ist befugt, die weiter erforderlichen Feststellungen vorzunehmen und zu diesem Zwecke von den der Veranlagungskommission zustehenden Mitteln (§ 15) Gebrauch zu machen.

§ 20.

Steuererlasse.

Erlischt die Steuerpflicht infolge des Todes oder Wegzugs des Pflichtigen, infolge gänzlichen Verlustes des steuerbaren Einkommens oder infolge Eintritts in ein die Steuerbefreiung begründendes Verhältnis, so kann von dem Beginne des auf den Eintritt dieses Ereignisses folgenden Vierteljahres ab Entbürdung von der Lohn- und Besoldungssteuer beansprucht werden.

Ferner kann ein gänzlicher oder teilweiser Erlaß der Steuer gewährt werden, wenn während des laufenden Steuerjahres infolge außergewöhnlicher Unglücksfälle das steuerbare Einkommen um mehr als den vierten Teil vermindert worden ist. Ebenso können veranlagte Steuerbeträge in einzelnen Fällen niedergeschlagen werden, wenn deren zwangsweise Beitreibung die Steuerpflichtigen in ihrer wirtschaftlichen Existenz gefährden, oder wenn das Beitreibungsverfahren voraussichtlich ohne Erfolg sein würde.

Die Entscheidung trifft der Direktor der direkten Steuern und auf Beschwerde das Ministerium.

§ 21.

Nachzahlung der Steuer.

Ist die Abgabe der Steuererklärung unterblieben oder auf Grund unrichtiger oder unvollständiger Angaben in der Steuererklärung (§§ 10, 12) die Veranlagung unterlassen worden oder in einer niedrigeren Stufe erfolgt, als solche bei richtiger und vollständiger Erklärung hätte zur Anwendung kommen müssen, so hat unabhänging von der Bestrafung (§ 23) eine Nachzahlung der zu wenig entrichteten Steuer zu erfolgen.

Die Feststellung der nachzuentrichtenden Steuerbeträge erfolgt durch den Direktor der direkten Steuern; gegen dieselbe ist die Beschwerde an das Ministerim zulässig.

Für die Nachforderung der gemäß Absatz 1 geschuldeten Steuer tritt nach Ablauf von drei Jahren vom Beginn des Steuerjahres ab, in welchem die Erklärung abzugeben war, oder die unrichtige Erklärung abgegeben wurde, Verjährung ein.

§ 22.

Strafbestimmungen.

Wer ohne entschuldbare Gründe die Steuererklärung nicht rechtzeitig angibt oder die verlangte Auskunft nicht rechtzeitig erteilt, wird mit Geldstrafe bis zwanzig Mark bestraft.

§ 23.

Wer durch wissentlich unrichtige oder unvollständige Angabe die Einreihung in eine niedrigere Steuerstufe veranlaßt oder durch Verschweigung von steuerbaren Beträgen, zu deren Erklärung er nach den Vorschriften dieses Gesetzes verpflichtet ist, die Unterlassung der Steuerveranlagung herbeiführt, unterliegt einer Geldstrafe im zwei- bis vierfachen, und im Rückfall binnen der letzten sechs Jahre bis zum sechsfachen Betrage der hinterzogenen Jahressteuer.

An Stelle dieser Strafe tritt eine Geldstrafe bis fünfzig Mark, wenn nachgewiesen oder aus den Umständen zu entnehmen ist, daß die unrichtige oder unvollständige Angabe nicht in der Absicht der Steuerhinterziehung erfolgt ist. Die gleiche Strafe kommt in Anwendung, wenn die Steuererklärung oder die veranlagte Auskunftserteilung unterlassen worden ist.

§ 24.

Die auf Grund der §§ 22, 23 festgesetzten, aber nicht beizutreibenden Geldstrafen sind nach Maßgabe der für Übertretungen geltenden Bestimmungen der §§ 28, 29 des Strafgesetzbuches in Haft umzuwandeln.

§ 25.

In Betreff der in den §§ 22, 23 bezeichneten strafbaren Handlungen findet vorläufige Feststellung der Geldstrafe durch den Direktor der direkten Steuern statt.

Die Untersuchung und Entscheidung steht dem Gericht zu, wenn der Beschuldigte nicht die vorläufig festgesetzte Geldstrafe nebst den durch das Verfahren gegen ihn entstandenen Kosten binnen einer ihm bekannt gemachten Frist freiwillig zahlt.

Das Einschreiten des Gerichts erfolgt, ohne daß die Strafe durch den Direktor der direkten Steuern vorläufig festgesetzt ist, wenn dieser von der vorläufigen Festsetzung Abstand zu nehmen erklärt oder der Beschuldigte darauf verzichtet.

Wird die unterbliebene oder unrichtige oder unvollständige Angabe nachgeholt oder berichtigt, bevor ein strafrechtliches Einschreiten nach Maßgabe der bevorstehenden Bestimmungen erfolgt ist, so tritt eine Bestrafung nicht ein.

Die Entscheidung wegen der hinterzogenen Steuer verbleibt in allen Fällen den vorbezeichneten Verwaltungsbehörden.

§ 26.

Die Strafverfolgung verjährt:

1. im Falle des § 22 nach drei Monaten vom Ablauf der gesetzten Frist ab;
2. im Falle des § 23 nach fünf Jahren, gerechnet vom Ablauf des Steuerjahres, in welchem die unrichtige oder unvollständige Erklärung erfolgt ist oder die unterlassene Erklärung oder die verlangte Auskunft zu erteilen war.

§ 27.

Kosten.

Die Kosten der Steuerveranlagung und Erhebung fallen der Landeskasse zur Last. Jedoch können die durch die Untersuchung unbegründeter Berufungen (§ 19) entstandenen Kosten durch Beschluß der Berufungskommission ganz oder teilweise den Berufenden auferlegt werden.

§ 28.

Zuschläge.

Zur Deckung der Ausfälle an dem in den Rollen zum Ansatz gebrachten Steuersoll infolge von Entbürdungen, Freistellungen, Minderungen, Erlassen und dergleichen, sowie zur Deckung der Druckkosten wird ein Zuschlag von Fünf vom Hundert des Steueransatzes zu Gunsten der Landeskasse erhoben.

§ 29.

Die Lohn- und Besoldungssteuer unterliegt den Bezirkszuschlägen nach Vorschrift des § 8 des Verwendungsgesetzes [1]) und den Gemeindezuschlägen nach den für die übrigen direkten Steuern geltenden Bestimmungen.

Zu den Gemeindezuschlägen sind auch die Personen mit Lohn- und Besoldungsbezügen von 500 bis 700 ℳ jährlich heranzuziehen. Dabei bleiben Steuerbeträge unter 0,50 ℳ außer Ansatz. Der Gemeinderat, unter Zuziehung der Höchstbesteuerten, ist berechtigt, auf die Veranlagung dieser Personen zu den Gemeindezuschlägen zu verzichten. Die von der Gemeinde fortlaufend unterstützten Personen unterliegen diesen Zuschlägen nicht.

Die Gemeinden mit Oktroi sind berechtigt, die für die Landeskasse und den Bezirk veranlagten Steuerbeträge der untersten Stufen bis zum Betrage von 1300 ℳ auf das Oktroi zu übernehmen.

Steuerbeträge, welche von außerhalb Elsaß-Lothringen wohnenden Steuerpflichtigen (§ 3, Ziffer 3) geschuldet werden, sind den Bezirks- und Gemeindezuschlägen nicht unterworfen. Das Gleiche gilt bis auf weiteres für die auf aktive Militärpersonen veranlagten Lohn- und Besoldungssteuerbeträge.

§ 30.

Leitung der Veranlagung.

Die Leitung des Veranlagungsgeschäfts steht dem Direktor der direkten Steuern zu. Derselbe entscheidet über die Beschwerden gegen das Verfahren der Veran-

---

[1]) § 8 (S. 60): Die Bezirkszuschläge sind zu einem für alle direkten Steuern, einschließlich der Bergwerkssteuer, gleichen Satze zu erheben.

lagungsbeamten und Veranlagungskommissionen, sowie der Vorsitzenden derselben; die Entscheidung in weiterer Instanz steht dem Ministerium zu. Die letztere ist endgültig.

§ 31.

Schlußbestimmungen.

Dieses Gesetz kommt zunächst bei der Veranlagung für das Jahr 1903 zur Anwendung und tritt im übrigen nur gleichzeitig mit dem Gesetze, betreffend die Verwendung der Erträge der Kapitalsteuer und der Lohn- und Besoldungssteuer in Kraft. Die Frist zur Abgabe der Steuererklärung (§ 10) ist für diese erste Veranlagung auf mindestens sechs Wochen zu bemessen. Denjenigen Steuerpflichtigen, welche nach Ablauf dieser Frist eine Erklärung nicht abgegeben haben, ist für die erste Veranlagung eine zweite Erklärungsaufforderung mit einer Frist von zehn Tagen zuzustellen. Die Wirkungen der §§ 11, 21 treten erst in Kraft, wenn auch diese zweite Aufforderung erfolglos geblieben ist.

Die Ausführungsbestimmungen erläßt das Ministerium.

Tarif

zur Berechnung der Lohn- und Besoldungssteuer

(Steuer 1,80 vom Hundert).

Stufe	Ertrag Mark	Mittelbetrag des Etrags Mark	Der Steuer 1,80 vom Hundert unterliegen vom Mittelbetrage des Ertrags. Prozent
1	2	3	4
1	unter 500	250	10
2	500— 600	550	"
3	600— 700	650	"
4	700— 800	750	15
5	800— 900	850	"
6	900— 1 000	950	20
7	1 000— 1 300	1 150	
8	1 300— 1 600	1 450	
9	1 600— 2 000	1 800	
10	2 000— 2 500	2 250	
11	2 500— 3 000	2 750	
12	3 000— 3 500	3 250	40
13	3 500— 4 000	3 750	45
14	4 000— 5 000	4 500	50
15	5 000— 6 000	5 500	55
16	6 000— 7 000	6 500	60
17	7 000— 8 000	7 500	70
18	8 000—10 000	9 000	80
19	10 000—12 000	11 000	90
20	12 000—15 000	13 500	95
21	15 000—20 000	17 500	"
22	20 000—25 000	22 500	100
23	25 000—30 000	27 500	"
24	30 000—35 000	32 500	"
25	35 000—40 000	37 500	"
26	40 000—45 000	42 500	"
27	45 000—50 000	47 500	"
	Jede weitere Stufe steigt um 5000 ℳ		

Gesetz,[1]

betreffend

die Verwendung der Erträge der Kapitalsteuer und der Lohn- und Besoldungssteuer sowie die Erhebung der Bezirkszuschläge. Vom 13. Juli 1901.

(Gesetzbl. S. 80).

§ 1.

Die Personal-Mobiliarsteuer wird aufgehoben. Personal-Mobiliarsteuer.

§ 2.

Der Steuersatz, welcher für die Grundsteuer in Gemäßheit der auf Grund des Gesetzes vom 6. April 1892 (Gesetzbl. S. 33) neu festgestellten Reinerträge in Anwendung zu bringen ist, wird auf Drei ein Halb vom Hundert der Reinerträge festgestellt. Grundsteuer.

§ 3.

Der gemäß § 4, Absatz 1 des Gesetzes vom 14. Juli 1895, betreffend die Gebäudesteuer (Gesetzbl. S. 95), auf Vier ein Halb vom Hundert des Nutzungswerts festgestellte Satz für die Gebäudesteuer wird auf Vier vom Hundert ermäßigt. Gebäudesteuer.

Der Satz der Gebäudesteuer für die Dienstwohnungen (§ 4 Abs. 2, 3 des erwähnten Gesetzes) wird auf Zwei ein Fünftel vom Hundert des Nutzungswertes der Dienstwohnungen festgestellt.

[1] Die Bestimmungen dieses Gesetzes — mit Ausnahme der §§ 1 und 9 — sind in die betreffenden Abschnitte der einzelnen Steuergattungen übernommen worden.

§ 4.

Grundstücke, welche der landwirtschaftlichen Benutzung entzogen sind und zu gewerblichen Zwecken dauernd verwendet werden, unterliegen der Besteuerung nach Maßgabe ihres Nutzungswertes zu dem gleichen Satze wie die Gebäude. Die Feststellung des Nutzungswertes erfolgt nach den Vorschriften des Gebäudesteuergesetzes.

§ 5.

Gewerbesteuer.

Die nach dem Gesetze vom 8. Juni 1896 (Gesetzbl. S. 31) zu erhebende Gewerbesteuer für Betriebe, deren Ertragsfähigkeit, mit Bezügen aus anderen Erwerbsquellen zusammen, den Betrag von 700 Mark jährlich nicht übersteigt, kommt in Wegfall.

(s. S. 118.)

Der Tarif für die Gewerbesteuer (§ 7 des vorgenannten Gesetzes) wird gemäß der Anlage abgeändert.

Die nach Absatz 1 von der Gewerbesteuer befreiten Steuerpflichtigen mit einer Ertragsfähigkeit unter 700 Mark sind zu den Gemeindezuschlägen heranzuziehen. Dabei bleiben Steuerbeträge unter 0,50 Mark außer Ansatz. Der Gemeinderat unter Zuziehung der Höchstbesteuerten, ist berechtigt, auf die Veranlagung der betreffenden Steuerpflichtigen zu den Gemeindezuschlägen zu verzichten.

§ 6.

Wandergewerbesteuer.

Als Mindestsatz für die Wandergewerbesteuer (§ 8 des Gesetzes vom 8. Juni 1896 (Gesetzbl. S. 44) wird der Betrag von 6 Mark jährlich festgesetzt.

Bei besonders großen Betrieben kann ausnahmsweise über den im genannten Paragraphen vorgeschriebenen Jahressatz von 350 Mark hinausgegangen werden.

§ 7.

Abgaben der toten Hand.

Die in Gemäßheit des Gesetzes vom 20. Februar 1849 zu erhebende Abgabe von den Gütern der toten

Hand wird für die der Grundsteuer unterliegenden Güter auf Neunundachtzig ein Halb vom Hundert des Prinzipalbetrages der Grundsteuer und für die der Gebäudesteuer unterliegenden Güter auf Vierunddreißig vom Hundert des Prinzipalbetrages der Gebäudesteuer festgesetzt.

§ 8.

Bezirkszuschläge.

Die Bezirkszuschläge sind zu einem für alle direkten Steuern einschließlich der Bergwerkssteuern gleichen Satze zu erheben.

§ 9.

Gemeindezuschläge

Durch den Landeshaushaltsetat wird alljährlich — zum ersten Mal für 1903 — ein Betrag bestimmt, welcher aus den im zuletzt abgeschlossenen Rechnungsjahr entstandenen Ersparnissen des Ausfallfonds der direkten Steuern zu Beihülfen an solche Gemeinden zu verwenden ist, deren Aufbringen an Gemeindezuschlägen gegenüber dem bisherigen Aufkommen in Folge der Aufhebung der Personal-Mobiliarsteuer ohne entsprechenden Ersatz durch die Kapitalsteuer sowie Lohn- und Besoldungssteuer gestiegen ist.

§ 10.

Schlußbestimmungen.

Dieses Gesetz tritt mit dem 1. April 1903 in Kraft. Die Ausführungsbestimmungen erläßt das Ministerium.

Tarif

zur Berechnung der Gewerbesteuer.

Stufe.	Ertragsfähigkeit	Mittelbetrag der Ertragsfähigkeit M	Der Steuer von 1,80 vom Hundert unterliegen von dem Mittelbetrag der Ertragsfähigkeit Prozent
1	unter 500	250	20
2	500— 700	600	25
2a	700—1000	850	30
		usw.	

Gesetz,

über

die Erhöhung der Lizenzgebühren für den Kleinverkauf von geistigen Getränken und die Ermäßigung der Weinsteuer. Vom 13. Juni 1903.

(Gesetzbl. S. 37.)

---

§ 1

Die Lizenzgebühren, welche nach den bestehenden gesetzlichen Vorschriften für den Kleinverkauf von geistigen Getränken (Branntwein und Liqueur, Wein, Bier und Meth) zu entrichten sind, werden derart erhöht, daß dieselben

I. in Gemeinden mit weniger als 2000 Seelen vierteljährlich im Mittel 25 Mark,

II. in Gemeinden von 2000 bis 10000 Seelen vierteljährlich im Mittel 50 Mark,

III. in Gemeinden über 10000 Seelen vierteljährlich im Mittel 75 Mark

betragen, welche die Steuerpflichtigen jeder einzelnen Gemeinde aufzubringen haben.

Bei Umlegung des in den einzelnen Gemeinden nach Maßgabe der Zahl der Lizenzsteuerpflichtigen und des Mittelsatzes sich ergebenden Kontingents auf die Steuerpflichtigen beträgt der niedrigste Steuersatz:

bei I. vierteljährlich 15 Mark,
„ II. „ 25 „ ,
„ III. „ 30 „ .

Der Direktor der Zölle und indirekten Steuern stellt alljährlich das von den steuerpflichtigen Gewerbetreibenden jeder einzelnen Gemeinde aufzubringende Kontingent fest.

Die Einschätzung der einzelnen Steuerpflichtigen in die zu bildenden Steuerklassen erfolgt durch die nach §§ 17, 18 des Gesetzes vom 8. Juni 1896, betreffend die Gewerbesteuer, eingesetzten Kreiskommissionen, ausschließlich nach dem Umfang und der Beschaffenheit des Geschäftsbetriebes.

§ 2.

Als Kleinverkäufer von geistigen Getränken ist anzusehen, wer Wein, Bier, Meth, Branntwein oder Liqueur zum Verzehren auf dem Platze oder in Mengen unter 15 Liter über die Straße verkauft.

Diejenigen Grundbesitzer oder Pächter, welche ausschließlich aus ihrer eigenen Ernte herrührenden Trauben- oder Obstwein, Hefe, Trestern, Obst (Kern- und Steinobst), Beerenfrüchte oder Enzian zu Branntwein verarbeiten und solchen in Mengen von drei Litern und darüber verkaufen, sind von der Lizenzsteuer befreit.

Ebenso ist der Kleinverkauf von Branntwein, welcher sich ausschließlich auf denaturierten Branntwein, unter Beachtung der wegen dessen Vertriebs bestehenden Vorschriften, beschränkt, der Lizenzgebühr nicht unterworfen.

§ 3.

Die Einteilung der Gemeinden nach der Seelenzahl (§ 1) bestimmt sich nach den bei der letzten amtlichen Volkszählung ermittelten Zahlen der ortsanwesenden Bevölkerung der einzelnen Gemeinden.

§ 4.

Personen, welche im Laufe des Abgabejahrs den Betrieb des Kleinverkaufs geistiger Getränke beginnen wollen, haben zuvor den für den Ort ihres Geschäftsbetriebs geltenden Mittelsatz bis zu erfolgter Einschätzung zu entrichten.

Die Einstellung des Geschäftsbetriebs befreit den Gewerbetreibenden von der Verpflichtung zur Steuerentrichtung für die übrigen Quartale des Abgabejahres.

Wenn infolge von Beschwerden gegen die Einschätzung die Einreihung von Steuerpflichtigen in eine niedrigere Steuerklasse erfolgte, so ist der Ausfall an dem Kontingent des laufenden Jahres dem Kontingente des folgenden Abgabejahres zuzuschlagen.

§ 5.

Dem Steuerpflichtigen steht gegen den Steueransatz, zu welchem er eingeschätzt ist, binnen einer Ausschlußfrist von drei Monaten nach Bekanntgabe der Einschätzung das Rechtsmittel des Einspruchs bei der Kreiskommission zu. Gegen deren Entscheidung ist binnen einer Ausschlußfrist von einem Monate nach Bekanntgabe das Rechtsmittel der Berufung an die durch § 29 des Gesetzes vom 8. Juni 1896, betreffend die Gewerbesteuer, eingesetzte Berufungskommission zulässig.

Bei der Bekanntgabe des Steueransatzes sind die Steuerpflichtigen über die zulässigen Rechtsmittel zu belehren.

Einspruch und Berufung sind bei dem Direktor der direkten Steuern einzulegen; sie haben keine aufschiebende Wirkung und unterliegen dem Dimensionsstempel.

§ 6.

Personen, welche den Kleinverkauf der in § 1 genannten Getränke betreiben, sind verpflichtet, den von der Steuerbehörde erteilten Lizenzschein an einer in die Augen fallenden Stelle ihres Verkaufslokals derart anzubringen, daß von dessen Inhalt leicht Kenntnis genommen werden kann.

§ 7.

Wer ohne vorgängige Entrichtung der gesetzlichen Gebühren ein lizenzpflichtiges Gewerbe betreibt, wird mit einer Geldstrafe bestraft, welche dem doppelten, im Rückfalle aber dem vierfachen Betrage der hinterzogenen vierteljährlichen Lizenzgebühr, nach dem Mittelsatze berechnet, gleichkommt, den Betrag von dreihundert Mark jedoch nicht übersteigen darf.

Wer nach vorhergegangener rechtskräftiger Verurteilung innerhalb zwei Jahren eine weitere Hinterziehung von Lizenzgebühren verübt, befindet sich im Rückfalle.

Ergibt sich aus den Umständen, daß eine Hinterziehung der Lizenzgebühr nicht hat verübt werden können oder nicht beabsichtigt gewesen ist, so findet nur eine Ordnungsstrafe von einer Mark bis zu fünfzig Mark statt.

Dieselbe Ordnungsstrafe tritt ein bei Zuwiderhandlungen gegen den § 6 des Gesetzes.

§ 8.

Vom 1. Juli 1880 an ist die in Gemäßheit des § 1 des Gesetzes vom 20. März 1873 (Gesetzbl. für Elf.-Lothr. S. 51) zu erhebende Weinsteuer von 3 Mark auf 1,50 Mark ermäßigt.

Die vom Obstwein zu erhebende Steuer von 80 Pfg. bleibt unberührt.

Die Ausführungsbestimmungen zu dem Gesetze erläßt das Ministerium.

Gesetz,

betreffend

die Gehalts- und Pensionsverhältnisse der protestantischen Pfarrer und die Fürsorge für deren Witwen und Waisen. Vom 6. Juli 1901.

(Gesetzbl. S. 50.)

---

§ 1.

Die protestantischen Pfarrer erhalten aus der Landeskasse an Stelle der in den Landeshaushaltsetats angegebenen Gehaltssätze die folgenden erhöhten Sätze:

Die	Pfarrer	mit	mehr	als	6	Dienstjahren	2400 ℳ
„	„	„	„	„	12	„	2800 „
„	„	„	„	„	18	„	3200 „
„	„	„	„	„	24	„	3600 „
„	„	„	„	„	30	„	4000 „

§ 2.

Die für die Landesbeamten geltenden Vorschriften, betreffend die Zahlung des Gnadenquartals, finden auf die Gehälter der protestantischen Pfarrer entsprechende Anwendung. An wen das Gnadenquartal zu zahlen ist, bestimmt das Ministerium.

§ 3.

Die protestantischen Pfarrer und deren Witwen und Waisen erhalten Pensionen nach Maßgabe der Vorschriften, die für die Landesbeamten und deren Witwen und Waisen gelten. Auf die Pensionen der Pfarrer finden die Vorschriften über die Zahlung der Pensionen der Landesbeamten für den auf den Sterbemonat folgenden Monat (§ 69 des Reichsbeamtengesetzes) entsprechende Anwendung.

Dem Diensteinkommen, welches der Pensionsberechnung zu Grunde gelegt wird, sind für die freie Dienstwohnung oder die an deren Stelle bezogene Entschädigung 400 Mark hinzuzurechnen. Die Versetzung in den Ruhestand erfolgt durch die kirchliche Oberbehörde mit Genehmigung des Statthalters.

Daß einem im Disziplinarverfahren seines Amtes enthobenen Pfarrer ein Teil des gesetzlichen Pensionsbetrages zu belassen sei (§ 75, Schlußsatz, des Gesetzes, betreffend die Rechtsverhältnisse der Reichsbeamten, vom 31. März 1873), kann das Ministerium nach Anhörung der kirchlichen Oberbehörde bestimmen.

§ 4.

Für die Pensionen (§ 3) sind die für Pensionen protestantischer Pfarrer und für Pensionen und laufende Jahresunterstützungen der Witwen und Waisen protestantischer Pfarrer im Landeshaushaltsetat vorgesehenen allgemeinen Landesmittel zu verwenden. Soweit aus diesen Mitteln an Pfarrer anf Grund des Gesetzes vom 13. Mai 1884 Pensionen oder an Witwen und Waisen von Pfarrern, die vor dem Inkrafttreten des gegenwärtigen Gesetzes gestorben oder aus dem Dienste geschieden waren, laufende Jahresunterstützungen zu zahlen sind, wird hieran nichts geändert.

§ 5.

Zur Deckung des Bedarfs für die Gehaltserhöhungen (§ 1) und des Pensionsbedarfs, für den nicht nach § 4 allgemeine Landesmittel verwendbar sind, werden Umlagen eingeführt, die als Zuschlag zu den direkten Steuern nach den für diese geltenden Vorschriften zu erheben, zur

Landeskasse zu vereinnahmen und in einer Nebenrechnung nachzuweisen sind.

Über Anträge, welche für die Umlagen eine Freistellung oder Minderung bezwecken, hat der Bezirksrat zu entscheiden.

§ 6.

Umlagenpflichtig sind die natürlichen Personen, welche in Elsaß-Lothringen ihren Wohnsitz oder ihren Aufenthalt haben, einer der beiden protestantischen Landeskirchen angehören und eine direkte Steuer entrichten.

Personen dieser Art, welche ein Gewerbe mit anderen Personen gemeinschaftlich betreiben, sind mit den ihrer Beteiligung an der Gesellschaft entsprechenden Steueranteilen heranzuziehen. Sie sind verpflichtet, über ihre Beteiligung an der Gesellschaft Auskunft zu erteilen.

Nicht umlagenpflichtig sind die zu den Militärkirchengemeinden gehörigen Personen.

§ 7.

Dieses Gesetz tritt am 1. April 1903 in Kraft.

Die Pensionsbestimmungen finden von diesem Tage ab auch Anwendung auf die Pfarrer, welche in der Zeit vom 1. April 1902 bis Ende März 1903 in den Ruhestand getreten sind, sowie auf Witwen und Waisen solcher Pfarrer und derjenigen, welche in dem angegebenen Zeitraum im Dienste gestorben sind. Bei Bemessung dieser Pensionen ist so zu verfahren, als wenn das gegenwärtige Gesetz schon beim Übertritt des Pfarrers in den Ruhestand oder bei dessen Tode in Kraft gewesen wäre.

§ 8.

Die Ausführungsbestimmungen erläßt das Ministerium.

Aus dem Verlag von

Karl J. Trübner in Straßburg

mdccccviii

Durch die meisten Buchhandlungen des In- und Auslandes zu beziehen.

Das elsaß-lothringische Gesetz,

betreffend die

Ausführung des Reichsgesetzes über die Angelegenheiten der freiwilligen Gerichtsbarkeit,

vom 6. November 1899

nebst den zugehörigen Ausführungsverfügungen.

Auf amtliche Veranlassung erläutert von

Hugo Molitor,

Oberlandesgerichtsrat.

8°. X, 242 S. 1901. Geheftet *M* 4.50, in Leinwand gebunden *M* 5.—

„Die Bearbeitung ist in derselben Weise erfolgt wie diejenige des Einführungsgesetzes, sie bedarf keiner weiteren Empfehlung oder Erläuterung."

Zeitschr. f. deutsches bürgerl. Recht, Bd. 32, Heft 7.

„Der Verf. hat auf amtliche Veranlassung dem Gesetztexte erläuternde Bemerkungen hinzugefügt, die sich nicht allein auf die gesetzgeberischen Vorarbeiten stützen, sondern bereits die bisherigen praktischen Erfahrungen verwerten und in ihrer gediegenen und knappen Form zu einer raschen Orientierung trefflich geeignet sind. Von besonderem Werte ist die im Anhang unternommene, nach Materien geordnete Zusammenstellung der zahlreichen und mannigfach zerstreuten, zum Teil bisher nicht veröffentlichten Ausführungsverfügungen der Justizverwaltung und der Aufsichtsbehörden. Auch ihnen sind in besonderen Zweifelsfällen Anmerkungen beigegeben. Abgesehen ist nur von der Aufnahme der Ausführungsvorschriften betr. das Grundbuchwesen, weil sie der Hauptsache nach ihre Grundlage in besonderen GG. haben. Ein zuverlässiges Sachregister erhöht die Brauchbarkeit des Büchleins, das allen zur Ausübung der freiwilligen Gerichtsbarkeit berufenen Beamten wertvolle Dienste leisten wird." *Centralblatt f. Rechtswissenschaft XX, 10.*

Kolibri 360 GmbH
Ferdinand-Jühlke-Straße 7
99095 Erfurt, Deutschland
produktsicherheit@kolibri360.de